JN097654

Everyday
VEGGIE MUFFINS

まいにちおいしいベジマフィン

urara

山と溪谷社

Everyday Veggie Muffins!

朝のマフィンが楽しみで、太陽よりも先に起きてしまう。
今日はどんな味に焼けたかな？
ひとり静かなキッチンで、コーヒー片手にマフィンをつつくひとときは
1日でいちばん好きな時間。そんな風に、まいにち食べる野菜のケーキ。

ベジマフィンの素材は、半分野菜。
使う野菜によって、季節によって味が変わる。
合わせる粉やトッピング、スパイスはもちろん、
自分自身の体調や気分、受け止め方によって、まいにち感じる味は変わる。
だから、自分で焼く味に飽きることはない。
春にはみずみずしい野菜といっしょに、
ウキウキした春の空気まで含んだマフィンを軽やかな気持ちで食べる。
冬にはぎゅっと甘みの増した冬野菜に冷えとりの願いを込めて、
スパイスたっぷりで焼き上げる。

1年365日、うつりゆく季節と旬の野菜、日ごとにゆらぐ、こころとからだ。
旬の訪れを感じ、自分のからだの声に耳を傾けていると、
思い浮かぶレシピのアイディアは尽きることがない。
材料の配合やトッピングに遊びを散りばめ、混ぜて、焼いてを繰り返す。
オーブンの扉を開いて、ぷっくりふくらんだマフィンの描く曲線を見つめながら
「ふたつとして同じ形のマフィンは存在しないのだ！」と
感慨深い気持ちで、今日出合えた今日だけのマフィンを愛でる。

そんなわたしのキッチンでの発見とアイディアを、この一冊に詰め込みました。
レシピは本当に簡単。特別なお菓子作りではなく、料理の延長の気軽なもの。
甘いものが大好きなわたしがわたし自身のために作ったレシピです。
日々あわただしいキッチンルーティーンの中でも、常備材料と
旬の野菜があれば、いつでも簡単にパッと作れます。

さあ、朝ごはんにおにぎりをかじるみたいにベジマフィンをかじろう。
甘い朝ごはんがなくちゃ、今日ははじまらない！
今日も1日、野菜と元気いっぱいに。

Urara

CONTENTS

SPRING

CARROT

ONION

NAGAIMO

SUMMER

ZUCCHINI

BANANA

TOMATO

本書のおことわり

＊ 大さじ1は15㎖、小さじ1は5㎖です。

＊ オーブンの温度と焼き時間は目安です。メーカーや
機種によって予熱にかかる時間や焼き加減に差が
生じますので、ご自宅のオーブンに合わせ、様子を
見ながら調整をしてください。本書ではガスオーブ
ンを使用しています。

What Vegetable Are You?

Carrot

春のキャロットマフィン　p.14

Blueberry & Nagaimo

ブルーベリー長芋マフィン　p.26

Zucchini

ズッキーニマフィン　p.34

Strawberry & Onion

ストロベリー
オニオンマフィン　p.22

Choco & Zucchini

トリプルチョコの
ズッキーニマフィン　p.36

Carob & Chickpeas & Carrot

キャロブ＆ひよこ豆の
キャロットマフィン　p.18

Anko Pumpkin

あんバター風
パンプキンマフィン　p.68

Banana

ジューシーバナナマフィン　p.40

Dates & Sesami Sweet Potato

デーツ＆黒ごまの
お芋マフィン　p.56

フレッシュな野菜にとびきり自由なアイディアと、
スパイスをひとさじ。ときめきふくらむベジマフィンを焼こう。
さあ、今日はどの野菜にする?

Chestnuts LotusRoot
和栗の
レンコンマフィン p.62

Brownie sweetPotato
ブラウニーお芋マフィン p.58

Cinnamon Apple
シナモンアップルマフィン p.74

Sweet Potato
お芋マフィン p.54

Ginger LotusRoot
ジンジャーレンコンマフィン p.60

Peanuts Onion
ピーナッツ
オニオンマフィン p.20

Aonori Onion
青のり
オニオンマフィン p.24

Black Bean &Mochi &Daikon
黒豆とおもちの
大根マフィン p.84

Tomato
トマトマフィン p.46

WHY NOT VEGGIE MUFFINS?

ベジマフィンをはじめよう！

「半分野菜!?」のびっくりマフィン。

野菜が足りなきゃマフィンを食べよう！　そんな、新しい野菜の食べ方の提案です。最大限の野菜を使って、野菜のうまみを存分に引き出す配合を研究。しかも、気になるオイルと砂糖の量はできるだけ控えめに。罪悪感をミニマムにした、ヘルシーさが自慢のレシピです。

「スプーンで混ぜるだけ」簡単マフィン。

お菓子作りはなんだか難しそうだけれど、甘いものが食べたい。そんな方にぜひ試していただきたい簡単なレシピです。手順は２つのボウルで「野菜ベース」と「粉ベース」を作り、混ぜて焼くだけ。お菓子作りに慣れない方でも、まいにちのお料理の延長で簡単に作れます。晩ごはんを仕込むついでに、明日のマフィンを焼く、まいにちに溶け込むベーキングです。

「プラントベース」のやさしいマフィン。

動物性食品を使わずに植物性原料だけで作るレシピです。卵がなくてもちゃんとふくらみ、乳製品を使わなくても満足なおいしさを目指しました。ヴィーガンの方、小麦粉を控えたい方、健康を気づかいたい方、みんなでおいしく食べられます。サスティナブルでエコ、環境にやさしいレシピで、未来の地球にポジティブなおやつ作りをはじめませんか？

「グルテンフリーなのに」おいしいマフィン。

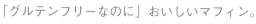

「健康のためにグルテンフリーはうれしいけれど、おいしさは小麦に負けたくない」と考え、「小麦粉で作るよりもおいしい」と思えることを目指したのが本書のレシピです。野菜×米粉×ナッツ、３つの素材のバランスと使い方を見極めて、新しいメソッドのレシピができました。甘いもの、粉ものが大好きな方に召し上がっていただきたいおいしさです。

野菜と米粉で、びっくりするほどおいしく作れるベジマフィン。
よくある失敗を防ぎ、おいしく仕上げるためのコツと
こだわりのポイントをまとめました。

●主材料は製菓用米粉

マフィンの主材料である米粉は「製菓用の米粉」を選びます。料理用の米粉は生地の水分を吸収してしまい、ふくらみづらく、団子のような食感に仕上がってしまうことも。本書では、ネット通販でも手に入りやすい共立食品の「米の粉」、もしくは富澤商店の「製菓用米粉 ミズホチカラ」を使います。

●こだわりのビッグマフィン

おにぎりみたいに頬張ってほしいから、本書のレシピはすべて、ビッグサイズのマフィン型で焼きます。熱伝導のよいブリキ素材の型なら、マフィンの中心部までふっくら焼けます。シリコン製の型は火の通りが悪いためあまりおすすめしません。3個分と少分量のレシピなので、焼きすぎて飽きることもなく、おいしいうちに食べきれます。ひとつ注意点は、生地に入れる油分が少ないため、市販のグラシン紙では生地が紙にくっついてしまう点。型にオーブンシートを敷いて焼いてください（p.12参照）。

●「刻みナッツ」がおいしさの決め手

野菜×ナッツ、2つの素材を掛け合わせたら、ちょっと新しい食感が生まれました。米粉を使ったお菓子作りによくある「ポソポソする」「ベチャッとする」、この2つの失敗を解決してくれるのが刻みナッツ。ナッツのオイルでバサつきを防ぎ、しっとりジューシーに仕上がります。また、皮ごとナッツを刻むので、繊維がほどよく生地に残り、香ばしく仕上がります。ナッツは包丁で、1mmほどに細かく刻みましょう（右下写真）。ザクザク食感がお好みの方は粗めに刻んでも。フードプロセッサーを使ってもいいですが、撹拌しすぎると油分が出てペースト状になってしまうので注意。レシピによっては市販のナッツ粉を使うものやナッツを使わないレシピもあります。お好みのナッツに置き換えて、アレンジも楽しんでください。

くるみ　コクとうまみ◎

カシューナッツ　甘くしっとり♡

アーモンド　香ばしさアップ

ピーナッツ　食事にも相性◎

このくらい！

ベジマフィンの材料は、大きく分けて2種類。

A
粉ベース

製菓用米粉

マフィンの生地に欠かせない米粉は、9ページでも紹介したとおり、かならず製菓用の粒子の細かいものを使います。パン用の米粉や料理用の米粉を使うと生地がモチャッとかたくなり、ふくらみ不足の原因に。

刻みナッツ

生地にうまみとコクを与えてくれるナッツは、包丁で1mmほどの細かさにサクっと刻みます。ベジマフィンに合わせて、それぞれのフレーバーに合う刻みナッツを使ったり、市販のナッツ粉を使い分け。ナッツを使わないレシピや、すりごまを使うレシピもあります。

ベーキングパウダー

マフィンをふんわりふくらませてくれる役割のベーキングパウダーは小さじ1（4g）を使います。入れすぎると、マフィンが爆発したり苦くなるので注意。

重曹

生地を持ち上げ、ふくらませてくれる重曹は小さじ1/2（2g）を使います。野菜たっぷりの重たい生地を支えてくれる重要な役目。

スパイス

野菜ごとに相性のよいスパイスをセレクトしました。カフェで焼くマフィンのようなよそゆきの香りが加わります。はじめは小さじ1/2を目安に、スパイスの量や種類は好みで増減してください。

2つのボウルを用意し、「粉ベース」と「野菜ベース」の材料をそれぞれ混ぜます。ここまでは落ち着いて作業。2つの材料が合わさった瞬間から「ふくらむ」という化学反応が始まるので、スムーズに作業するのが成功のコツです。

B
野菜ベース

野菜

旬の新鮮な野菜をたっぷり使います。野菜に含まれる水分と繊維が、生地をしっとりジューシーにしてくれます。すりおろしたりせん切りにして、レシピの分量どおりにきちんと計量してください。多すぎたり少なすぎたりすると、生地の食感が変わってしまうので注意。

豆乳ヨーグルト

豆乳ヨーグルトに含まれる「酸」の力を使って、マフィンをふっくらとふくらませます。砂糖や添加物の混ざっていない、シンプルな原料のものを選びましょう。使う前に、分離した水分を混ぜてから使います。

植物オイル

加熱しても栄養が損なわれにくい、良質な脂質を含んだオリーブオイルを使います。くせの少ない米油に置き換えてもOK。ミニマムな量のオイルでおいしく仕上がるよう、配合にこだわりました。

自然塩

砂糖をミニマムにしても、満足感のある味にするために欠かせないのが塩。マフィン3個分に小さじ1/3を入れることが、おいしさを左右するポイント。塩はふだん使いの料理用のものでOKです。

きび砂糖

生地に甘みを加えるきび砂糖。甘さは控えめにしているので、甘みを足すときは10gずつ増やしてアレンジを。逆に分量よりも減すと、バランスが変わり焼き上がりに影響するので注意。

ベジマフィンの工程は、とってもシンプル。

準備をする	作る

ナッツを刻む

ナッツは包丁で1mmほどに細かく刻む。細かくしすぎて油分が出てしまわないように注意。

型にシートを敷く

オーブンシートをマフィン型（直径72mm）よりひと回り大きい正方形（12.5cm角）に切る。

四つ折りにして折り目をつけて開き、図のように半分くらいまで切り込みを入れる。

型にシートを押し込む。シートが多少浮いても、生地を入れると自然に沈むのでOK。

Push!

1 粉を混ぜる

ボウルにAの粉ベース（p.10参照）の材料をすべて入れ、スプーンでぐるぐる混ぜる。

ぐるぐる

2 野菜ベースを混ぜる

別のボウルにBの野菜、豆乳ヨーグルト、砂糖、油、塩などの野菜ベース（p.11参照）を入れて混ぜる。

3 BにAを加えて混ぜる

野菜ベースに粉ベースを加えて混ぜる。

4 型に入れる

スプーン2本を使って型に盛る。

5 オーブンで焼く

予熱したオーブンで焼く。

オーブンの予熱を忘れずに！

予熱完了！

SPRING

CARROT

ONION

NAGAIMO

春のよろこびいっぱい、
みずみずしい春野菜のマフィン。

新鮮な旬の野菜をたっぷり生地に混ぜ込んで
季節のときめきをトッピングした春のマフィンはいかが？
野菜の力で実現した、
むっちりジューシーな食感を召し上がれ。

春のキャロットマフィン

なんといってもわたしのいちばん好きなキャロットケーキ。
プラントベースで自信のレシピができました。
春にんじんたっぷり、ぎゅっとジューシーなマフィン。
にんじん、くるみ、米粉の三位一体感を召し上がれ。

【材料】直径72mmのマフィン型3個分

A｜ 製菓用米粉…100g
｜ くるみ…30g
｜ ベーキングパウダー…小さじ1
｜ 重曹…小さじ1/2
｜ シナモンパウダー…小さじ1/2

B｜ にんじん…180g
｜ 豆乳ヨーグルト…60g
｜ オリーブ油…20g
｜ きび砂糖…40g
｜ 塩…小さじ1/3

○トッピング

ヴィーガンクリームチーズ*(p.96参照／好みのタイプ)…適量

*室温におくと溶けやすいので冷蔵庫で保存する。使うときに
　分離していれば軽く混ぜる。

ドライにんじん*(好みで)…適量

*好みの型で2mm厚さに抜いたにんじんをオーブンシートにのせ、
　作り方8でマフィンといっしょに同時間焼く。

にんじん
1~2本の
ご用意を

【準備】

・型にオーブンシートを敷く。
・オーブンは180℃に予熱する。

【作り方】

くるみは包丁で1mmほどに細かく刻む。

ボウルに1と残りのAの材料を入れ、スプーンでよく混ぜる。

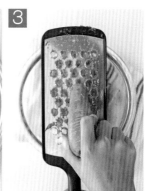

別のボウルに、にんじんをすりおろし器ですりおろす。

4	5	6
3に残りのBの材料を加え、スプーンでよく混ぜる。	2を加え、ぐるぐると素早くよく混ぜる。	生地がスプーンからゆっくり落ちるくらいのかたさが目安。

7	8	9
スプーン2本を使って型にこんもりと丸く入れる。	180℃のオーブンで25分焼いて取り出す。	竹串を刺して生地がつかなければOK。生焼けなら様子を見ながら3分ほど追加で焼く。

型からはずして網にのせ、完全に冷ます。

ヴィーガンクリームチーズを塗り、好みでドライにんじんをのせても

刻みカシューナッツを混ぜ込んだ生地は、コクと甘みが増す
のでスイーツ系マフィンにはぴったり！ キュンと香るレ
モンに、塩こうじを加えるワンポイントで、酸味がやわらぎ
まろやかに。きび砂糖の代わりにメープルシロップを使って、
しっとりジューシーなおいしさです。

レモン&キャロットマフィン

【材料】直径72mmのマフィン型3個分

A 製菓用米粉…100g
　 カシューナッツ…30g
　 ベーキングパウダー…小さじ1
　 重曹…小さじ1/2
　 カルダモンパウダー（あれば）…小さじ1/2
　 ジンジャーパウダー（好みで）…小さじ1/4
レモン…1/2個
B にんじん…180g
　 豆乳ヨーグルト…40g
　 オリーブ油…20g
　 メープルシロップ…50g
　 レモン汁…10g
　 塩こうじ…4g（小さじ1/2強）
○トッピング
レモンの輪切り…3枚
レモンの皮のすりおろし…約1/2個分
アイシング
　 レモン汁…小さじ1
　 てんさい糖…大さじ2

【準備】

・レモン1/2個は、トッピングに3枚を
　3mm厚さの輪切りにし、皮をすりおろす。
　残りのレモンは果汁を搾り、Bに10g、ア
　イシングに小さじ1用意する。
・型にオーブンシートを敷く。
・オーブンは180℃に予熱する。

【作り方】

1　カシューナッツは包丁で1mmほどに細
　　かく刻む。

2　ボウルに1と残りのAの材料を入れ、
　　スプーンでよく混ぜる。

3　別のボウルに、にんじんをすりおろし器
　　ですりおろす。

4　3に残りのBの材料を加え、スプーン
　　でよく混ぜる。

5　2を加え、生地がスプーンからゆっくり
　　落ちるくらいのかたさを目安に、ぐるぐ
　　ると素早くよく混ぜる。

6　スプーン2本を使って型に入れ、トッピ
　　ングのレモンの輪切りをのせる。

7　180℃のオーブンで25分焼いて取り出
　　す。竹串を刺して生地がつかなければ
　　OK。生焼けなら様子を見ながら3分ほ
　　ど追加で焼く。

8　型からはずして網にのせ、完全に冷ます。

9　アイシングを作る。小さめのボウルに材
　　料をすべて入れてよく混ぜる。

10　スプーンで9を8の上にたらし、レモ
　　ンの皮のすりおろしをふる（a）。

カルダモンパウダーを
ティーバッグの紅茶葉に
置き換えても○

a

17

ホクホクのひよこ豆と、チョコチップのような味わいのキャ
ロブチップスを口いっぱいに頬張りましょう！ 米粉の代わ
りにひよこ豆粉を使えば、ふんわりボリューミーにふくらみ
ます。タンパク質も豊富な栄養満点のマフィンはランチにも
ぴったり。マフィンを持って春空の下に出かけたい。

キャロブ & ひよこ豆のキャロットマフィン

【材料】直径72mmのマフィン型3個分

A | ひよこ豆粉* … 100g
    *製菓用米粉で代用可。
    ピーナッツ … 30g
    ベーキングパウダー … 小さじ1
    重曹 … 小さじ1/2
    シナモンパウダー … 小さじ1/2

B | にんじん … 170g
    豆乳ヨーグルト … 50g
    オリーブ油 … 20g
    きび砂糖 … 40g
    塩 … 小さじ1/3

ひよこ豆（水煮／市販）… 40g
キャロブチップス* … 40g
*チョコレートチップで代用可。

○トッピング
ひよこ豆（水煮／市販）… 適量
キャロブチップス* … 適量

【準備】

・ひよこ豆は水きりする。
・型にオーブンシートを敷く。
・オーブンは180℃に予熱する。

【作り方】

1　ピーナッツは包丁で1mmほどに細かく刻む。

2　ボウルに1と残りのAの材料を入れ、スプーンでよく混ぜる。

3　別のボウルに、にんじんをすりおろし器ですりおろす。

4　3に残りのBの材料を加え、スプーンでよく混ぜる。ひよこ豆とキャロブチップスを加え、さっくりと混ぜる。

5　2を加え、生地がスプーンからゆっくり落ちるくらいのかたさを目安に、ぐるぐると素早くよく混ぜる。

6　スプーン2本を使って型にこんもりと丸く入れ、トッピングのひよこ豆とキャロブチップスをのせる。

7　180℃のオーブンで25分焼いて取り出す。竹串を刺して生地がつかなければOK。生焼けなら様子を見ながら3分ほど追加で焼く。

8　型からはずして網にのせ、粗熱をとる。

刻みピーナッツの代わりに、
同量のピーナッツ粉を使うと
さらにしっとり！

ピーナッツ オニオンマフィン

【材料】直径72mmのマフィン型3個分

A 製菓用米粉…100g
　 ピーナッツ…30g
　 ベーキングパウダー…小さじ1
　 重曹…小さじ1/2
B 新玉ねぎ（または玉ねぎ）…160g
　 豆乳ヨーグルト…40g
　 オリーブ油…20g
　 きび砂糖…20g
　 塩…小さじ1/3

【準備】
・新玉ねぎは皮をむく。
・型にオーブンシートを敷く。
・オーブンは180℃に予熱する。

小さめなら2個、
大きめなら1個。
多めのご用意を

【作り方】

1 ピーナッツは包丁で1mmほどに細かく
　刻む。

2 ボウルに1と残りのAの材料を入れ、
　スプーンでよく混ぜる。

3 別のボウルに、新玉ねぎをすりおろし器
　ですりおろす。

4 3に残りのBの材料を加え（a）、スプー
　ンでよく混ぜる。

5 2を加え（b）、生地がスプーンからゆっ
　くり落ちるくらいのかたさを目安に、ぐ
　るぐると素早くよく混ぜる（c）。

6 スプーン2本を使って型に入れる（d）。

7 180℃のオーブンで25分焼いて取り出
　す。竹串を刺して生地がつかなければ
　OK。生焼けなら様子を見ながら3分ほ
　ど追加で焼く。

8 型からはずして網にのせ、粗熱をとる。

もっちりジューシーな食感がくせになる
お食事系オニオンマフィン。
新玉ねぎにピーナッツの香りが食欲をそそります。
ふつうの玉ねぎでもおいしく焼けるので、
いつでもオールシーズン、
パンやごはんの代わりにどうぞ。
焼いている途中は玉ねぎの強い香りに
驚くかもしれませんが、焼き上がると
甘く変化しますのでご安心を。

ストロベリーオニオンマフィン

いちごの酸味とオニオンの甘み。意外な2つの素材の出合い
が、びっくりおいしい！　じゅんわり甘いメープルシロップ
が香る、甘くてかわいいデザートマフィンです。季節の変わ
り目のいちごをたっぷり使って、冬に別れを告げる春のマフ
ィンで楽しみましょう。

【材料】直径72mm のマフィン型 3 個分

A 製菓用米粉…100g
カシューナッツ…30g
ベーキングパウダー…小さじ 1
重曹…小さじ 1/2

B 新玉ねぎ(または玉ねぎ)…140g
豆乳ヨーグルト…30g
米油(またはオリーブ油)…20g
メープルシロップ…50g
いちご…40g
塩…小さじ 1/3

○トッピング
いちご…2 〜 3 個

【準備】

・新玉ねぎは皮をむく。
・B とトッピングのいちごはそれぞれへたを除き、縦 6 〜 8 等分に切って分けておく。
・型にオーブンシートを敷く。
・オーブンは 180℃に予熱する。

【作り方】

1 カシューナッツは包丁で 1mm ほどに細かく刻む。

2 ボウルに 1 と残りの A の材料を入れ、スプーンでよく混ぜる。

3 別のボウルに、新玉ねぎをすりおろし器ですりおろす。

4 3 に残りの B の材料を加え、スプーンでよく混ぜる。

5 2 を加え、生地がスプーンからゆっくり落ちるくらいのかたさを目安に、ぐるぐると素早くよく混ぜる。

6 スプーン 2 本を使って型に入れ、トッピングのいちごをのせる (a)。

7 180℃のオーブンで 25 分焼いて取り出す。竹串を刺して生地がつかなければ OK。生焼けなら様子を見ながら 3 分ほど追加で焼く。

8 型からはずして網にのせ、粗熱をとる。

a

青のり×ごまの香りに、思わずお腹がすいてきちゃう、ごは
んのように食べたいマフィン。刻んだナッツの代わりに、市
販のすりごまを入れるのでスピーディーに焼けます。ヴィー
ガンマヨネーズをのせたら大満足なおいしさ。お食事系のマ
フィンは、焼き立てやあたたかいうちが食べごろです。

青のりオニオンマフィン

【材料】直径72mmのマフィン型3個分

A 製菓用米粉…100g
　白すりごま…30g
　ベーキングパウダー…小さじ1
　重曹…小さじ1/2

B 新玉ねぎ(または玉ねぎ)…190g
　豆乳ヨーグルト…40g
　ごま油(またはオリーブ油)…20g
　青のり…5g
　塩…小さじ1/3

○トッピング
ヴィーガンマヨネーズ*
　水きり豆乳ヨーグルト(下記参照)…大さじ3
　酢(またはレモン汁)…大さじ1
　植物油…大さじ1
　塩…小さじ1/4
　*多めに作って、食べるときにつけながら食べ
　るのもおすすめ。
青のり…適量

【準備】

・新玉ねぎは皮をむく。
・型にオーブンシートを敷く。
・オーブンは180℃に予熱する。

【作り方】

1 ボウルにAの材料をすべて入れ、スプーンでよく混ぜる。

2 別のボウルに、新玉ねぎをすりおろし器ですりおろす。

3 2に残りのBの材料を加え、スプーンでよく混ぜる。

4 1を加え、生地がスプーンからゆっくり落ちるくらいのかたさを目安に、ぐるぐると素早くよく混ぜる。

5 スプーン2本を使って型に入れる。

6 180℃のオーブンで25分焼いて取り出す。竹串を刺して生地がつかなければOK。生焼けなら様子を見ながら3分ほど追加で焼く。

7 型からはずして網にのせ、完全に冷ます。

8 ヴィーガンマヨネーズを作る。ボウルに材料をすべて入れ、泡立て器でよく混ぜる。

9 8をスプーンで7の上にのせ、青のりをふる。

【水きり豆乳ヨーグルトの作り方】

豆乳ヨーグルト200gをさらし布やクッキングペーパーで包み、ボウルを当てたざるに入れて重石をのせ、冷蔵庫でひと晩(8時間以上)水きりをする。

保存：冷蔵で3〜5日可能

+酢、植物油、塩

Vegan mayo°

ブルーベリー長芋マフィン

【材料】 直径72mmのマフィン型3個分

A │ 製菓用米粉…100g
　│ カシューナッツ…30g
　│ ベーキングパウダー…小さじ1

B │ 長芋…170g
　│ 豆乳ヨーグルト…30g
　│ 米油…20g
　│ きび砂糖…40g
　│ バニラエクストラクト(あれば)…15滴
　│ 塩…小さじ1/3
　│ ブルーベリー(冷凍)…50g

○トッピング
ブルーベリー(冷凍)… 適量

【準備】

・型にオーブンシートを敷く。
・オーブンは180℃に予熱する。

【作り方】

1 カシューナッツは包丁で1mmほどに細かく刻む。

2 ボウルに1と残りのAの材料を入れ、スプーンでよく混ぜる。

3 別のボウルに、長芋をすりおろし器ですりおろす。

4 3にブルーベリーを除くBの材料を加え、スプーンでよく混ぜる。

5 ブルーベリーを加え（a）、さっくりと混ぜる。

6 2を加え（b）、生地がスプーンからゆっくり落ちるくらいのかたさを目安に、粉けがなくなるまでぐるぐると素早くよく混ぜる（c）。

7 スプーン2本を使って型に入れ、トッピングのブルーベリーをのせる（d）。

8 180℃のオーブンで25分焼いて取り出す。竹串を刺して生地がつかなければOK。生焼けなら様子を見ながら3分ほど追加で焼く。

9 型からはずして網にのせ、粗熱をとる。

Vanilla flavor

アメリカンなビジュアルが魅惑の
ブルーベリーマフィンを長芋で。
もっちもちの生地にジューシーな
ブルーベリーがおいしい！
長芋を使ったマフィンは
驚くほどよくふくらむので、
重曹は使わずに焼くのが
他のベジマフィンとの違いです。

ティラミス風 長芋マフィン

ふわふわのスポンジケーキみたいな長芋マフィンに、ヴィーガンクリームチーズをたっぷりのせてココアでおめかし。生地はラム酒とコーヒーで大人味に仕立てました。長芋を食べてることを忘れちゃうような新感覚のスイーツです。

【材料】直径72mmのマフィン型3個分

A｜製菓用米粉…100g
　｜カシューナッツ…30g
　｜インスタントコーヒー…大さじ1
　｜ベーキングパウダー…小さじ1

B｜長芋…180g
　｜豆乳ヨーグルト…40g
　｜きび砂糖…40g
　｜米油（またはオリーブ油）…20g
　｜バニラエクストラクト…15滴
　｜ラム酒…10g
　｜塩…小さじ1/3

○トッピング
ヴィーガンクリームチーズ*
　（p.96参照／ミルキータイプ）…大さじ3
*室温におくと溶けやすいので冷蔵庫で保存する。
　使うときに分離していれば軽く混ぜる。
ココアパウダー…大さじ2

【準備】
・型にオーブンシートを敷く。
・オーブンは180℃に予熱する。

【作り方】

1　カシューナッツは包丁で1mmほどに細かく刻む。

2　ボウルに1と残りのAの材料を入れ、スプーンでよく混ぜる。

3　別のボウルに、長芋をすりおろし器ですりおろす。

4　3に残りのBの材料を加え、スプーンでよく混ぜる。

5　2を加え、生地がスプーンからゆっくり落ちるくらいのかたさを目安に、粉けがなくなるまでぐるぐると素早くよく混ぜる。

6　スプーン2本を使って型に入れる。

7　180℃のオーブンで25分焼いて取り出す（a）。竹串を刺して生地がつかなければOK。生焼けなら様子を見ながら3分ほど追加で焼く。

8　型からはずして網にのせ、完全に冷ます。

9　ボウルにヴィーガンクリームチーズを入れ、ゴムべらで混ぜる。

10　星口金（8切り／10mm）をつけた絞り袋に入れ、8の上に絞る。上から茶こしでココアパウダーをふる。

予期せぬふくらみがかわいい！

ココナッツと抹茶のペアリングが大好きです。たっぷりのココ
ナッツの香りのなかに、きらりとひかる抹茶の苦みが全体をひ
きしめます。トロピカルテイストと不思議とほっとするジャパ
ニーズテイストを、いっぺんに味わえるお気に入りマフィン。

抹茶ココナッツ長芋マフィン

【材料】直径72mmのマフィン型3個分

A ┃ 製菓用米粉…100g
　┃ ココナッツファイン…30g
　┃ 抹茶パウダー…小さじ1
　┃ ベーキングパウダー…小さじ1

B ┃ 長芋…180g
　┃ ココナッツミルクヨーグルト…30g
　┃ メープルシロップ…60g
　┃ 米油(またはオリーブ油)…20g
　┃ 塩…小さじ1/3

○トッピング
ヨーグルトフロスティング
┃ 水きりココナッツミルクヨーグルト
┃ (下記参照)…100g
┃ てんさい糖…15g
ココナッツファイン…大さじ1～2

【準備】
・型にオーブンシートを敷く。
・オーブンは180℃に予熱する。

【水きりココナッツミルク
　ヨーグルトの作り方】

ココナッツミルクヨーグルト220gをさらし
布やクッキングペーパーで包み、ボウルを当
てたざるに入れて重石をのせ、冷蔵庫でひと
晩(8時間以上)水きりをする。

保存：冷蔵で3～5日可能

【作り方】

1　ボウルにAの材料をすべて入れ、スプーンでよく混ぜる。

2　別のボウルに、長芋をすりおろし器ですりおろす。

3　2に残りのBの材料を加え、スプーンでよく混ぜる。

4　1を加え、生地がスプーンからゆっくり落ちるくらいのかたさを目安に、粉けがなくなるまでぐるぐると素早く混ぜる。

5　スプーン2本を使って型に入れる。

6　180℃のオーブンで25分焼いて取り出す。竹串を刺して生地がつかなければOK。生焼けなら様子を見ながら3分ほど追加で焼く。

7　型からはずして網にのせ、完全に冷ます。

8　ヨーグルトフロスティングを作る。小さめのボウルに材料をすべて入れ、スプーンでよく混ぜて冷蔵庫で10分以上冷やす。

9　8をスプーンで7の上にのせ、ココナッツファインをふる。

春キャベツのお好みマフィン

やわらかい春キャベツをたっぷり使って
マフィンにしました！ 塩の代わりに隠
し味のソースで味つけ。焼き立てで召し
上がれ。

cabbage
Muffin

【材料】直径72mmのマフィン型3個分

A 製菓用米粉…100g
白すりごま…30g
ベーキングパウダー…小さじ1
重曹…小さじ1/2

B キャベツ…230g
豆乳ヨーグルト…70g
ごま油…20g
ソース*…15g
*好みのソースでOK。

【準備】

・キャベツは1.5cm長さの細切りにする。
・型にオーブンシートを敷く。
・オーブンは180℃に予熱する。

【作り方】

1 ボウルにAの材料をすべて入れ、スプー
ンでよく混ぜる。

2 別のボウルにキャベツを除くBの材料を
入れ、スプーンでよく混ぜる。キャベツ
を加え、ぐるぐると素早くよく混ぜる。

3 1を加えて混ぜ、お好み焼きの生地くら
いのかたさにする。

4 スプーン2本を使って型にこんもりと丸
く入れる。

5 180℃のオーブンで25分焼いて取り出
す。竹串を刺して生地がつかなければ
OK。生焼けなら様子を見ながら3分ほ
ど追加で焼く。

6 型からはずして網にのせ、粗熱をとる。

SUMMER

ZUCCHINI

BANANA

TOMATO

夏のからだに栄養をキュン！
元気の出る、エナジーマフィン。

夏野菜に、香りの魔法を掛け合わせて
食欲をそそるマフィンを焼こう。
キッチンに立つのがつらい暑い夏の日も
サクッと短時間で焼ける
栄養ばっちりのおまもりです。

ズッキーニ マフィン

【材料】直径72mmのマフィン型3個分

A 製菓用米粉…100g
アーモンド…30g
ベーキングパウダー…小さじ1
重曹…小さじ1/2
シナモンパウダー…小さじ1/2
クローブパウダー…小さじ1/4

B ズッキーニ…180g
豆乳ヨーグルト…60g
オリーブ油…20g
きび砂糖…40g
塩…小さじ1/3

○トッピング
アーモンド… 8 〜 10 粒
アイシング
無調整豆乳… 小さじ1
てんさい糖… 大さじ2

【準備】

・型にオーブンシートを敷く。
・オーブンは180℃に予熱する。

小さめなら
2本
使います

【作り方】

1 Aとトッピングのアーモンドはそれぞれ包丁で2〜3mmに細かく刻み、分けておく。

2 ボウルに1のAのアーモンドと残りのAの材料を入れ、スプーンでよく混ぜる。

3 ズッキーニはしりしり器（またはスライサー）で皮ごとせん切りにするか、包丁で長さ2〜3cmの斜め薄切りにしてからせん切りにする。

4 別のボウルにズッキーニを除くBの材料を入れ、スプーンでよく混ぜる。3を加え、ズッキーニから水分がにじみ出ないよう生地を下から持ち上げるようにさっくりと混ぜる。

5 2を加え、生地がスプーンからゆっくり落ちるくらいのかたさを目安に、粉けがなくなるまで素早く混ぜる（a）。

6 スプーン2本を使って型にこんもりと丸く入れる。

7 180℃のオーブンで25分焼いて取り出す。竹串を刺して生地がつかなければOK。生焼けなら様子を見ながら3分ほど追加で焼く。

8 型からはずして網にのせ、完全に冷ます。

9 アイシングを作る。小さめのボウルに材料をすべて入れてよく混ぜる。

10 9をスプーンで8の上にたらし、1のトッピングのアーモンドをふる。

夏の大定番、ズッキーニマフィン！
夏の暑いキッチンでも手軽に焼けるので
まいにちでも焼きたくなります。
上手に焼くコツは、ズッキーニを入れるタイミングと、
水けが出ないようにさっくりと生地を混ぜること。
みずみずしいせん切りズッキーニは、
水分を保ったまま焼き上げることで
ふんわりと生地に溶け込み、ジューシーに変身。
「ズッキーニでマフィンなんて!?」という
おいしい裏切り、ぜひ感じてほしいです。

生地にもフロスティングにも！　チョコをぞんぶんに味わう
ズッキーニマフィン。ココアパウダーとヴィーガンチョコレ
ートをたっぷり使った生地はしっとりとして、冷やして食べ
てもおいしい。チョコに溺れたいけれど罪悪感は欲しくない、
そんな気分のときに、いかがでしょう？

トリプルチョコのズッチーニマフィン

【材料】直径72mmのマフィン型3個分

A 製菓用米粉…100g
　 カシューナッツ…20g
　 ココアパウダー…10g
　 ベーキングパウダー…小さじ1
　 重曹…小さじ1/2
　 シナモンパウダー…小さじ1/2

B ズッキーニ…180g
　 豆乳ヨーグルト…60g
　 オリーブ油…20g
　 きび砂糖…40g
　 塩…小さじ1/3
　 ヴィーガンチョコレート
　 　（カカオ70%以上のもの）…20g

○トッピング
ココアフロスティング
　 ヴィーガンスプレッド＊（市販）…大さじ3
　 ＊室温におくと溶けやすいので冷蔵庫で保存する。使うときに分離していれば軽く混ぜる。
　 ココアパウダー…大さじ1
　 デーツシロップ…大さじ1
アメリカンチェリー…3個

【準備】

・チョコレートは粗く刻む（a）。
・型にオーブンシートを敷く。
・オーブンは180℃に予熱する。

【作り方】

1　カシューナッツは包丁で1mmほどに細かく刻む。

2　ボウルに1と残りのAの材料を入れ、スプーンでよく混ぜる。

3　ズッキーニはしりしり器（またはスライサー）で皮ごとせん切りにするか、包丁で長さ2〜3cmの斜め薄切りにしてからせん切りにする。

4　別のボウルにズッキーニとチョコレートを除くBの材料を入れ、スプーンでよく混ぜる。3と刻んだチョコレートを加え、さっくりと混ぜる。

5　2を加え、生地がスプーンからゆっくり落ちるくらいのかたさを目安に、粉けがなくなるまで素早く混ぜる。

6　スプーン2本を使って型にこんもりと丸く入れる。

7　180℃のオーブンで25分焼いて取り出す。竹串を刺して生地がつかなければOK。生焼けなら様子を見ながら3分ほど追加で焼く。

8　型からはずして網にのせ、完全に冷ます。

9　ココアフロスティングを作る。小さめのボウルに材料をすべて入れ、スプーンでよく混ぜて冷蔵庫で10分以上冷やす。

10　9をスプーンで8の上にこんもりとのせ、アメリカンチェリーを飾る。

a

豆乳パックを洗って乾かし、まな板代わりにすることも

夏の暑さを、コーヒーとココナッツでシャキッとクールダウ
ン。よく冷えたアイスコーヒーといっしょにどうぞ。ココ
ナッツの食感が楽しい、トロピカル気分な甘いベジマフィン。
ベトナムのモダンなカフェの店先に並んでいそうなマフィン
を妄想しながら焼いてみました。

ユーヒー＆ココナッツ ズッキーニ マフィン

【材料】直径72mmのマフィン型3個分

A　製菓用米粉…100g
　　ココナッツファイン…30g
　　インスタントコーヒー（粉末）…大さじ1
　　ベーキングパウダー…小さじ1
　　重曹…小さじ1/2
　　クローブパウダー（あれば）…小さじ1/2

B　ズッキーニ…180g
　　豆乳ヨーグルト…60g
　　オリーブ油…20g
　　ココナッツシュガー（または黒糖）…40g
　　塩…小さじ1/3

○トッピング
ココナッツファイン…大さじ1〜2

【準備】

・型にオーブンシートを敷く。
・オーブンは180℃に予熱する。

【作り方】

1　ボウルにAの材料をすべて入れ、スプーンでよく混ぜる。

2　ズッキーニはしりしり器（またはスライサー）で皮ごとせん切りにする（a）か、包丁で長さ2〜3cmの斜め薄切りにしてからせん切りにする。

3　別のボウルにズッキーニを除くBの材料を入れ、スプーンでよく混ぜる。2を加え、さっくりと混ぜる。

4　1を加え、生地がスプーンからゆっくり落ちるくらいのかたさを目安に、粉けがなくなるまで素早く混ぜる。

5　スプーン2本を使って型にこんもりと丸く入れる。

6　180℃のオーブンで25分焼いて取り出す。竹串を刺して生地がつかなければOK。生焼けなら様子を見ながら3分ほど追加で焼く。

7　型からはずして網にのせ、粗熱をとる。

8　器に盛り、ココナッツファインをふる。

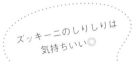

ズッキーニのしりしりは
気持ちいい◎

a

ツュー ツー バナナ マフィン

【材料】直径72mmのマフィン型3個分

A 製菓用米粉…100g
くるみ…30g
ベーキングパウダー…小さじ1
重曹…小さじ1/2
シナモンパウダー…小さじ1/2
カルダモンパウダー（あれば）…小さじ1/2

B バナナ（完熟／皮をむく）…230g（正味）
豆乳ヨーグルト…30g
オリーブ油…20g
バニラエクストラクト（あれば）…15滴
塩…小さじ1/3

○トッピング
バナナ（完熟／皮をむいて斜め薄切り）…3枚

【準備】

・型にオーブンシートを敷く。
・オーブンは180℃に予熱する。

完熟バナナは
3本ほど
ご用意を

【作り方】

1 くるみは包丁で1mmほどに細かく刻む。

2 ボウルに1と残りのAの材料を入れ、スプーンでよく混ぜる。

3 別のボウルにBのバナナを入れ、フォークでつぶす（a）。

4 3に残りのBの材料を加え、スプーンでよく混ぜる（b）。

5 2を加え、生地がスプーンからゆっくり落ちるくらいのかたさを目安に、ぐるぐると素早くよく混ぜる（c・d）。

6 スプーン2本を使って型にこんもりと丸く入れ、トッピングのバナナをのせる。

7 180℃のオーブンで25分焼いて取り出す。竹串を刺して生地がつかなければOK。生焼けなら様子を見ながら3分ほど追加で焼く。

8 型からはずして網にのせ、粗熱をとる。

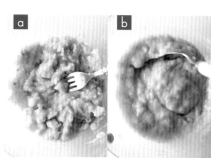

みんな大好きバナナマフィン！
むっちりとジューシーな食感は、たっぷりのバナナのおかげ。
完熟のバナナを使うから、砂糖もいりません。
まだ青いバナナでは上手に焼けないのでご注意を。
シュガースポット（黒い斑点）が出ている
完熟のバナナがベストです！

ピーナッツとバナナ、最高のコンビで作るマフィン。プロテイン豊富なひよこ豆粉には、市販のピーナッツ粉を合わせる技でしっとり、ふんわり！　暑さで食欲がないときも、しっかり植物性プロテインをチャージできるので、夏の朝ごはんにおすすめです。コーヒーにもよく合います。

ピーナッツバター on バナナマフィン

【材料】直径72mmのマフィン型3個分

A
ひよこ豆粉*…100g
　*製菓用米粉で代用可。
ピーナッツ粉…30g
ベーキングパウダー…小さじ1
重曹…小さじ1/2
シナモンパウダー…小さじ1/2

B
バナナ(完熟／皮をむく)…200g(正味)
豆乳ヨーグルト…50g
オリーブ油…20g
メープルシロップ…20g
塩…小さじ1/3

○トッピング
ピーナッツバター…大さじ1〜2

【準備】
・型にオーブンシートを敷く。
・オーブンは180℃に予熱する。

【作り方】

1　ボウルにAの材料をすべて入れ、スプーンでよく混ぜる。

2　別のボウルにバナナを入れ、フォークでつぶす。

3　2に残りのBの材料を加え、スプーンでよく混ぜる。

4　1を加え、生地がスプーンからゆっくり落ちるくらいのかたさを目安に、ぐるぐると素早くよく混ぜる。

5　スプーン2本を使って型にこんもりと丸く入れる。

6　180℃のオーブンで25分焼いて取り出す（a）。竹串を刺して生地がつかなければOK。生焼けなら様子を見ながら3分ほど追加で焼く。

7　型からはずして網にのせ、完全に冷ます。

8　ピーナッツバターをスプーンで7の上に塗る。

a

黒ごまバナナマフィン

ノンオイル、ノンシュガー、やさしさあふれるマフィンです。
バナナの甘みと水分を生かすので、ミニマムな材料で簡単に
焼けるマフィン。子どもや健康を気づかう人に、食べてほし
い。ヘルシーでも物足りないことはなく、黒ごまの風味でほ
っと、満足な味わいです。

【材料】直径72mmのマフィン型3個分

A | 製菓用米粉…100g
　| 黒すりごま…30g
　| ベーキングパウダー…小さじ1
　| 重曹…小さじ1/2

B | バナナ（完熟／皮をむく）…200g（正味）
　| 豆乳ヨーグルト…60g
　| 塩…小さじ1/3

【準備】
・型にオーブンシートを敷く。
・オーブンは180℃に予熱する。

【作り方】

1　ボウルにAの材料をすべて入れ、スプーンでよく混ぜる。

2　別のボウルにバナナを入れ、フォークでつぶす。

3　2に残りのBの材料を加え、スプーンでよく混ぜる。

4　1を加え、生地がスプーンからゆっくり落ちるくらいのかたさを目安に、ぐるぐると素早くよく混ぜる。

5　スプーン2本を使って型にこんもりと丸く入れる。

6　180℃のオーブンで25分焼いて取り出す。竹串を刺して生地がつかなければOK。生焼けなら様子を見ながら3分ほど追加で焼く。

7　型からはずして網にのせ、粗熱をとる。

ごまのおいしさって
ほっとするね

トマトマフィン

【材料】直径72mmのマフィン型3個分

A | 製菓用米粉…100g
  | アーモンド…30g
  | ベーキングパウダー…小さじ1
  | 重曹…小さじ1/2

B | トマト…180g
  | 豆乳ヨーグルト…30g
  | オリーブ油…20g
  | トマトケチャップ…30g

○トッピング
ヴィーガンクリームチーズ*

(p.96参照／ヘルシータイプ)…大さじ3

＊室温におくと溶けやすいので冷蔵庫で保存する。
　使うときに分離していれば軽く混ぜる。
ミニトマト…6～7個
ディル(あれば)…少々

【準備】

・トッピングのミニトマトは縦半分に切り、
　切り口を上にしてざるにのせ、半日ほど天
　日干しをする。
・型にオーブンシートを敷く。
・オーブンは180℃に予熱する。

【作り方】

1　アーモンドは包丁で1mmほどに細かく
　　刻む。

2　ボウルに1と残りのAの材料を入れ、
　　スプーンでよく混ぜる。

3　トマトは縦半分に切り、包丁で3mmほ
　　どの角切りにして汁ごとボウルに入れ
　　る。

4　3に残りのBの材料を加え (a)、スプー
　　ンでよく混ぜる (b)。

5　2を加え、生地がスプーンからゆっくり
　　落ちるくらいのかたさを目安に、ぐるぐ
　　ると素早くよく混ぜる (c)。

6　スプーン2本を使って型に入れる (d)。

7　180℃のオーブンで25分焼いて取り出
　　す。竹串を刺して生地がつかなければ
　　OK。生焼けなら様子を見ながら3分ほ
　　ど追加で焼く。

8　型からはずして網にのせ、完全に冷ます。

9　ヴィーガンクリームチーズをナイフなど
　　で8の上にのせ、天日干しをしたミニト
　　マトとあればディルを飾る。

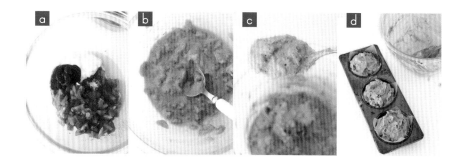

トマト全開！
トマト好きに贈りたい、
トマトマフィン。
隠し味のケチャップで
奥行きのある味に。
セミドライにしたミニトマトにも
おいしさがぎゅっと詰まっています。

トマト缶を使った、デザート気分なトマトマフィン。パイナ
ップルと砂糖代わりのアプリコットジャム、トマト缶の3種
の甘みを掛け合わせ、複雑な味わいを作るのがポイント。フ
ルーティーでさっぱりとした、おいしい夏味です。

パイン＆トマトマフィン

【材料】直径72mmのマフィン型3個分

A ｜ 製菓用米粉…50g
　　ひよこ豆粉＊…50g
　　＊製菓用米粉で代用可。
　　カシューナッツ…30g
　　ベーキングパウダー…小さじ1
　　重曹…小さじ1/2
B ｜ カットトマト缶(缶汁はきる)…150g
　　豆乳ヨーグルト…30g
　　オリーブ油…20g
　　アプリコットジャム＊…40g
　　＊きび砂糖で代用可。
　　塩…小さじ1/3

○トッピング
パイナップル(缶詰でも可)…40g(正味)

【準備】

・パイナップルは皮を除き、果肉と芯をひと
　口大のいちょう切りにする。缶詰のパイ
　ナップルを使う場合は汁けをきり、ひと口
　大に切る。
・型にオーブンシートを敷く。
・オーブンは180℃に予熱する。

【作り方】

1　カシューナッツは包丁で1mmほどに細
　　かく刻む。

2　ボウルに1と残りのAの材料を入れ、
　　スプーンでよく混ぜる。

3　別のボウルにBの材料をすべて入れ、ス
　　プーンでよく混ぜる。

4　2を加え、生地がスプーンからゆっくり
　　落ちるくらいのかたさを目安に、ぐるぐ
　　ると素早くよく混ぜる。

5　スプーン2本を使って型に入れ、トッピ
　　ングのパイナップルをのせる。

6　180℃のオーブンで25分焼いて取り出
　　す。竹串を刺して生地がつかなければ
　　OK。生焼けなら様子を見ながら3分ほ
　　ど追加で焼く。

7　型からはずして網にのせ、粗熱をとる。

生だとかたいパイナップルの
芯も、トッピングで
食べきります

とうもろこしをぎゅっと詰め込んだトマトマフィンは、口の
中で甘さがはじけるお食事系マフィン。生のとうもろこしを
使う場合は、とうもろこしを蒸してから実を包丁でそぎ落と
し、生地に混ぜましょう。

ぼりぼりコーン&トマトマフィン

【材料】 直径72mmのマフィン型3個分

A ひよこ豆粉*…100g
　　＊製菓用米粉で代用可。
　ピーナッツ粉…30g
　ベーキングパウダー…小さじ1
　重曹…小さじ1/2
B トマト…170g
　豆乳ヨーグルト…30g
　オリーブ油…20g
　コーン缶*(水けをきる)…100g
　　＊生のとうもろこしを使う場合は、加熱して
　　　包丁で実をそぐ。
　塩こうじ…4g(小さじ1/2強)

【準備】

・型にオーブンシートを敷く。
・オーブンは180℃に予熱する。

【作り方】

1　ボウルにAの材料をすべて入れ、スプーンでよく混ぜる。

2　トマトは縦半分に切り、包丁で3mmほどの角切りにして汁ごとボウルに入れる。

3　2に残りのBの材料を加え、スプーンでよく混ぜる。

4　1を加え、生地がスプーンからゆっくり落ちるくらいのかたさを目安に、ぐるぐると素早くよく混ぜる。

5　スプーン2本を使って型に入れる。

6　180℃のオーブンで25分焼いて取り出す。竹串を刺して生地がつかなければOK。生焼けなら様子を見ながら3分ほど追加で焼く。

7　型からはずして網にのせ、粗熱をとる。

ヴィーガンチーズと
カットトマト(生でも缶詰でも)を
トッピングして
焼いてもおいしい！

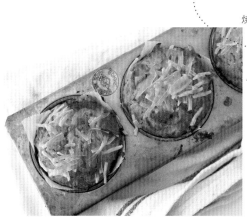

ナスのフルーツティーマフィン

ナスをマフィンに変身させて旬のフルーツでトッピング。ほうじ茶なら和風に、アールグレイなら英国イメージに。

すいか
＆粒あん

トッピング
アイディアも
いろいろ！

いちじく＆
ヴィーガンクリチ

ブルーベリー＆
ヴィーガンクリチ

【準備】

・型にオーブンシートを敷く。

・オーブンは180℃に予熱する。

【作り方】

1 カシューナッツは包丁で1mmほどに細かく刻む。

2 ボウルに1と残りのAの材料を入れ、スプーンでよく混ぜる。

3 ナスは3mmほどの細かいみじん切りにする。

4 別のボウルに3と残りのBの材料をすべて入れ、スプーンでよく混ぜる。

5 2を加え、生地がスプーンからゆっくり落ちるくらいのかたさを目安に、ぐるぐると素早くよく混ぜる。

6 スプーン2本を使って型にこんもりと丸く入れる。

7 180℃のオーブンで25分焼いて取り出す。竹串を刺して生地がつかなければOK。生焼けなら様子を見ながら3分ほど追加で焼く。

8 型からはずして網にのせ、完全に冷ます。

9 好みでトッピングする(上写真参照)。

【材料】直径72mmのマフィン型3個分

A 製菓用米粉…100g
　カシューナッツ…30g
　ベーキングパウダー…小さじ1
　重曹…小さじ1/2
　好みの茶葉…大さじ1〜2

B ナス…200g
　豆乳ヨーグルト…60g
　きび砂糖…45g
　米油…30g
　塩…小さじ1/3

○トッピング(好みで)
いちじく(くし形切り)…1/2個分
ブルーベリー…適量
すいか(丸くくり抜く)…適量
粒あん(市販)…適量
ヴィーガンクリームチーズ*
　(p.96参照／ミルキータイプ)…適量

＊室温におくと溶けやすいので冷蔵庫で保存する。使うときに分離していれば軽く混ぜる。

AUTUMN

SWEET POTATO

LOTUS ROOT

PUMPKIN

秋の味覚とアイディアがいっぱい
もぐもぐ食いしん坊マフィン。

甘い焼き菓子が恋しくなる秋、
おいしいアイディアも止まらない。
腹ぺこでかじりつきたいビッグマフィンで
こころもからだも満たされましょう。

お芋マフィン

【材料】直径72mmのマフィン型3個分

A | 製菓用米粉…100g
ベーキングパウダー…小さじ1
重曹…小さじ1/2
シナモンパウダー(好みで)…小さじ1/2

B | さつま芋(小さめ)…170g
豆乳ヨーグルト…60g
無調整豆乳*…70〜90g
  *さつま芋の水分量に合わせ、豆乳の量は最初に70gを入れ、生地がかたければ小さじ1ずつ足して調整する。
オリーブ油…20g
きび砂糖…20g
塩…小さじ1/3

○トッピング
さつま芋(小さめ)…1本

【準備】

・Bとトッピングのさつま芋はよく洗い、丸ごと炊飯器に入れ(入らない場合はできるだけ大きめに切る)、芋が半分つかる程度の水を加えて炊飯モードで蒸す。トッピングの蒸し芋は、皮ごと1cm厚さの輪切りにする(トッピングに使うのは2〜3枚)。Bの蒸し芋は熱いうちにボウルに移し、皮ごとフォークでつぶす(a)。
・型にオーブンシートを敷く。
・オーブンは180℃に予熱する。

【作り方】

1 ボウルにAの材料をすべて入れ、スプーンでよく混ぜる。

2 別のボウルにBの材料をすべて入れ(b)、スプーンでよく混ぜる。

3 1を加え、生地がスプーンからゆっくり落ちるくらいのかたさを目安に、ぐるぐると素早くよく混ぜる(c)。

4 スプーン2本を使って型にこんもりと丸く入れ、トッピングの蒸し芋をのせる(d)。

5 180℃のオーブンで25分焼いて取り出す。竹串を刺して生地がつかなければOK。生焼けなら様子を見ながら3分ほど追加で焼く。

6 型からはずして網にのせ、粗熱をとる。

モッチモチの新食感を感じてほしい！
むっちり高濃度のお芋マフィンです。
あえてナッツやごまを使わずに
なめらか食感に焼き上げました。
紅はるかやシルクスイートなど
糖度の高い蒸し芋なら砂糖も少しでOK。
生地に水分が足りないときは
少しずつ豆乳を加えて調整してください。
もったりとジェラートのようなかたさの生地になれば、
ふんわり＆しっとり焼き上がるはず！

デーツ＆黒ごまのお芋マフィン

スーパーで買えるねっとり甘い焼き芋を使って作る、しっとり系お芋マフィン。デーツと練りごまの真っ黒フロスティングでさらにしっとり。濃厚な甘みのデーツは、ベジマフィンにぴったりのドライフルーツ。はるか昔、クレオパトラも食べていたとか。きれいになれそうな期待を込めて、ぱくり。

【材料】直径72mmのマフィン型3個分

A | 製菓用米粉…100g
　| 黒すりごま…30g
　| ベーキングパウダー…小さじ1
　| 重曹…小さじ1/2
B | 焼き芋(冷めたもの)…170g
　| 豆乳ヨーグルト…60g
　| 無調整豆乳*…70～90g
　| ＊さつま芋の水分量に合わせ、豆乳の量は最
　| 初に70gを入れ、生地がかたければ小さじ
　| 1ずつ足して調整する。
　| オリーブ油…20g
　| デーツシロップ…20g
　| 塩…小さじ1/3
○トッピング
黒ごまフロスティング
　| デーツシロップ…大さじ1
　| 黒練りごま…大さじ1
ドライデーツ…1.5粒

【準備】

・焼き芋は皮をむき、手でひと口大にちぎる。
・ドライデーツは半分に切る。
・型にオーブンシートを敷く。
・オーブンは180℃に予熱する。

【作り方】

1　ボウルにA の材料をすべて入れ、スプーンでよく混ぜる。

2　別のボウルにB の材料をすべて入れ、スプーンでよく混ぜる。

3　1 を加え、生地がスプーンからゆっくり落ちるくらいのかたさを目安に、ぐるぐると素早くよく混ぜる。

4　スプーン2本を使って型にこんもりと丸く入れる。

5　180℃のオーブンで25 分焼いて取り出す。竹串を刺して生地がつかなければOK。生焼けなら様子を見ながら3分ほど追加で焼く。

6　型からはずして網にのせ、完全に冷ます。

7　黒ごまフロスティングを作る。小さめのボウルに材料をすべて入れて練り混ぜる。

8　7 をスプーンで6 の上にたらし、デーツをのせる。

黒ごまフロスティングは
材料を合わせて
練り混ぜるだけでOK！

焼き芋とチョコを愛するわたしのための、甘ーいご褒美マフィン。焼き芋の水分のおかげで、しっとりリッチな食感に仕上がります。大きめのチョコをインして、食べ応えも満点。ジャンクな欲望を栄養で満たしてくれます。

ブラウニーお芋マフィン

【材料】 直径72mmのマフィン型3個分

A | 製菓用米粉…100g
  | くるみ…20g
  | カカオパウダー…20g
  | ベーキングパウダー…小さじ1
  | 重曹…小さじ1/2

B | 焼き芋(冷めたもの)…150g
  | 豆乳ヨーグルト…60g
  | 無調整豆乳*…70〜90g
  | *さつま芋の水分量に合わせ、豆乳の量は最初に70gを入れ、生地がかたければ小さじ1ずつ足して調整する。
  | ヴィーガンチョコレート
  | (カカオ70〜80%前後のもの)…40g
  | オリーブ油…20g
  | デーツシロップ…20g
  | 塩…小さじ1/3

○トッピング
ヴィーガンチョコート
  (カカオ70〜80%前後のもの)…3かけ

【準備】

・焼き芋は皮をむき、手でひと口大にちぎる。
・Bのヴィーガンチョコレートは2cmほどに刻む。トッピングのチョコレートは3cmほどに切り、3かけ用意する。
・型にオーブンシートを敷く。
・オーブンは180℃に予熱する。

【作り方】

1 くるみは包丁で1mmほどに細かく刻む。

2 ボウルに1と残りのAの材料を入れ、スプーンでよく混ぜる。

3 別のボウルにBの材料をすべて入れ、スプーンでよく混ぜる。

4 2を加え、生地がスプーンからゆっくり落ちるくらいのかたさを目安に、ぐるぐると素早くよく混ぜる。

5 スプーン2本を使って型にこんもりと丸く入れ、トッピングのヴィーガンチョコレートをのせる。

6 180℃のオーブンで25分焼いて取り出す。竹串を刺して生地がつかなければOK。生焼けなら様子を見ながら3分ほど追加で焼く。

7 型からはずして網にのせ、粗熱をとる。

蜜たっぷりの「紅はるか」で
作るのがおすすめ

ジンジャーレンコンマフィン

【材料】直径72mm のマフィン型3個分

A 製菓用米粉…100g
くるみ…30g
ベーキングパウダー…小さじ1
重曹…小さじ1/2
ジンジャーパウダー…小さじ1/4
シナモンパウダー…小さじ1/4
クローブパウダー（あれば）…小さじ1/4

B レンコン…190g
豆乳ヨーグルト…60g
オリーブ油…20g
きび砂糖…45g
塩…小さじ1/3

○トッピング
ヴィーガンクリームチーズ*
　（p.96参照／ミルキータイプ）…大さじ3
＊室温におくと溶けやすいので冷蔵庫で保存する。
　使うときに分離していれば軽く混ぜる。
ドライジンジャー（砂糖漬け）…適量

【準備】

・ドライジンジャーは大きければ2cm ほど
　に切る。
・型にオーブンシートを敷く。
・オーブンは180℃に予熱する。

【作り方】

1 くるみは包丁で1mm ほどに細かく刻む。

2 ボウルに1と残りのA の材料を入れ、
　スプーンでよく混ぜる。

3 別のボウルに、レンコンをすりおろし器
　で皮ごとすりおろす。

4 3に残りのB の材料を加え、スプーンで
　よく混ぜる。

5 2を加え、生地がスプーンからゆっくり
　落ちるくらいのかたさを目安に、ぐるぐ
　ると素早くよく混ぜる（a）。

6 スプーン2本を使って型に入れる（b）。

7 180℃のオーブンで25分焼いて取り出
　す。竹串を刺して生地がつかなければ
　OK。生焼けなら様子を見ながら3分ほ
　ど追加で焼く。

8 型からはずして網にのせ、完全に冷ます。

9 ヴィーガンクリームチーズをナイフなど
　で8の上にのせ、ドライジンジャーをの
　せる。

新鮮なレンコンを
皮つきのまま
たっぷり使います

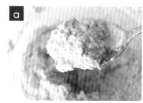

レンコンが入ってるなんて気づかないかも？
焼いたわたし自身がびっくりしたベジマフィン。
人気者のキャロットケーキのように、
街のカフェでもいつか食べられる日がきちゃうかも？
と、密かな願いを込めて贈る、自信のレシピです。
ジンジャーをきかせた甘さ控えめの生地に
ミルキーなフロスティングが相性ばっちり。

栗仕事が大好きなわたしの秋のスペシャルマフィン。シンプ
ルな和栗ペーストを絞って、レンコンマフィンにとびきりの
おめかしを。レンコンはあえての脇役使い。でも脇役だから
こそキラリと光る、プレーンなおいしさも楽しんで。

和栗のレンコンマフィン

【材料】 直径72mm のマフィン型 3 個分

A｜ 製菓用米粉…100g
　　ピーナッツ粉…30g
　　ベーキングパウダー…小さじ 1
　　重曹…小さじ 1/2
　　シナモンパウダー…小さじ 1/2

B｜ レンコン…190g
　　豆乳ヨーグルト…50g
　　オリーブ油…20g
　　きび砂糖…50g
　　ラム酒…大さじ 2
　　塩…小さじ 1/3

○トッピング
和栗ペースト
　　生栗…300g
　　てんさい糖…100g
　　水*…100 ～ 150g
　　*栗の水分量に合わせて調整する。
金箔(あれば)…適量

【準備】

・生栗はたっぷりの湯で 40 ～ 50 分ゆで、包丁で鬼皮ごと半分に切り、スプーンで実を取り出す (a)。
・型にオーブンシートを敷く。
・オーブンは 180℃に予熱する。

【作り方】

1　ボウルに A の材料をすべて入れ、スプーンでよく混ぜる。

2　別のボウルに、レンコンをすりおろし器で皮ごとすりおろす。

3　2 に残りの B の材料を加え、スプーンでよく混ぜる。

4　1 を加え、生地がスプーンからゆっくり落ちるくらいのかたさを目安に、ぐるぐると素早くよく混ぜる。スプーン 2 本を使って型にこんもりと丸く入れる。

5　180℃のオーブンで 25 分焼いて取り出す。竹串を刺して生地がつかなければOK。生焼けなら様子を見ながら 3 分ほど追加で焼く。

6　型からはずして網にのせ、完全に冷ます。

7　和栗ペーストを作る。鍋に準備をした栗、てんさい糖、水 100g を入れ、中～弱火にかけて木べらで混ぜながら (b)、持ち上げたときにぼてっと落ちるくらいのかたさまで水けを飛ばしながら煮詰める。生地がかたければ、水を大さじ 1 ずつ足して調整し、火を止めて粗熱をとる。

8　7 をフードプロセッサーに入れて攪拌し、裏ごし器でこしてなめらかにする (c)。モンブラン口金(中)をつけた絞り袋に入れ、6 の上に絞り、あれば金箔をのせる。

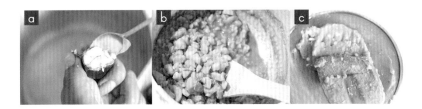

みんな大好きチョコのマフィン。生地の中にかすかに感じる、
レンコンのサクッと食感と、アーモンドのカリカリがマッチ。
ゴロッと大きめなチョコの歯応えもアクセントになった、楽
しいおいしさです。ナッツのアレンジはお好みでどうぞ。

チョコチップレンコンマフィン

【材料】 直径72mmのマフィン型3個分

A ┃ 製菓用米粉…100g
　┃ アーモンド…30g
　┃ ベーキングパウダー…小さじ1
　┃ 重曹…小さじ1/2
　┃ シナモンパウダー…小さじ1/2

B ┃ レンコン…180g
　┃ 豆乳ヨーグルト…50g
　┃ オリーブ油…20g
　┃ きび砂糖…40g
　┃ ラム酒…大さじ2
　┃ 塩…小さじ1/3

ヴィーガンチョコレート
　（カカオ70%以上のもの）…50g

【準備】

・ヴィーガンチョコレートは2cmほどに刻む。
・型にオーブンシートを敷く。
・オーブンは180℃に予熱する。

【作り方】

1 アーモンドは包丁で2〜3mmに細かく刻む（a）。

2 ボウルに1と残りのAの材料を入れ、スプーンでよく混ぜる。

3 別のボウルに、レンコンをすりおろし器で皮ごとすりおろす。

4 3に残りのBの材料を加え、スプーンでよく混ぜる。

5 2を加え、生地がスプーンからゆっくり落ちるくらいのかたさを目安に、ぐるぐると素早くよく混ぜる。刻んだチョコレートを加え、軽く混ぜる。

6 スプーン2本を使って型にこんもりと丸く入れる。

7 180℃のオーブンで25分焼いて取り出す。竹串を刺して生地がつかなければOK。生焼けなら様子を見ながら3分ほど追加で焼く。

8 型からはずして網にのせ、粗熱をとる。

アーモンドの代わりに
くるみやピーカンナッツも
おすすめ

a

スパイスパンプキンマフィン

【材料】直径72mmのマフィン型3個分

A | 製菓用米粉…100g
 | カシューナッツ…30g
 | ベーキングパウダー…小さじ1
 | 重曹…小さじ1/2
 | シナモンパウダー…小さじ1/2
 | ナツメグパウダー（あれば）…小さじ1/4

B | かぼちゃ…170g
 | 豆乳ヨーグルト…60g
 | 無調整豆乳*…60〜80g
 | ＊かぼちゃの水分量に合わせ、豆乳の量は最初に60gを入れ、生地がかたければ小さじ1ずつ足して調整する。
 | オリーブ油…20g
 | きび砂糖*…25〜35g
 | ＊かぼちゃの甘みに合わせ、きび砂糖の量は好みで増減する。
 | 塩…小さじ1/3

○トッピング
ヴィーガンクリームチーズ*
　(p.96参照／ミルキータイプ)…大さじ3
＊室温におくと溶けやすいので冷蔵庫で保存する。使うときに分離していれば軽く混ぜる。
かぼちゃの種(素焼き)…適量

【準備】

・かぼちゃは皮つきのままひと口大に切り、竹串がスッと入るくらいのやわらかさに20分前後蒸す。熱いうちにボウルに移し、フォークでつぶして粗熱をとる。
・型にオーブンシートを敷く。
・オーブンは180℃に予熱する。

【作り方】

1 カシューナッツは包丁で1mmほどに細かく刻む。

2 ボウルに1と残りのAの材料を入れ、スプーンでよく混ぜる。

3 別のボウルにBの材料をすべて入れ（a）、スプーンでよく混ぜる。

4 2を加え、生地がスプーンからゆっくり落ちるくらいのかたさを目安に、ぐるぐると素早くよく混ぜる（b）。

5 スプーン2本を使って型にこんもりと丸く入れる。

6 180℃のオーブンで25分焼いて取り出す。竹串を刺して生地がつかなければOK。生焼けなら様子を見ながら3分ほど追加で焼く。

7 型からはずして網にのせ、完全に冷ます。

8 ヴィーガンクリームチーズをナイフなどで7の上にのせ、かぼちゃの種をのせる。

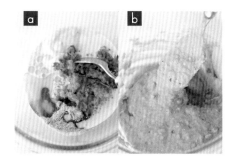

秋に恋しい、かぼちゃたっぷりのマフィン。
もちもち、ふわふわに焼けましたよ!
おいしさの決め手はカシューナッツ。
コク甘なカシューナッツは、かぼちゃの甘みを補強して
ホワイトチョコのような存在感。
外国のパンプキンパイをイメージして
スパイスを大人っぽくブレンドしました。

あんことバター、魅惑のおいしさも、プラントベースでギルトフリーに。ヴィーガンスプレッドを使えば、バターに負けないおいしさです。ふかふかのパンプキンマフィンにぴったりの和風トッピングで、ほっこり気分もアップ。

あんバター風パンプチンマフィン

【材料】 直径72mm のマフィン型3個分

A | 製菓用米粉…100g
　 | くるみ…30g
　 | ベーキングパウダー…小さじ1
　 | 重曹…小さじ1/2

B | かぼちゃ…170g
　 | 豆乳ヨーグルト…60g
　 | 無調整豆乳*…60 〜 80g
　 | 　*かぼちゃの水分量に合わせ、豆乳の量は最
　 | 　初に60gを入れ、生地がかたければ小さじ
　 | 　1ずつ足して調整する。
　 | 米油…20g
　 | きび砂糖*…25 〜 35g
　 | 　*かぼちゃの甘みに合わせ、きび砂糖の量は
　 | 　好みで増減する。
　 | 塩…小さじ1/3

○トッピング
粒あん(市販)…大さじ3
ヴィーガンスプレッド*(市販)…適量
*室温におくと溶けやすいので冷蔵庫で保存する。
　使うときに分離していれば軽く混ぜる。

【準備】

・かぼちゃは皮つきのままひと口大に切り、
　竹串がスッと入るくらいのやわらかさに
　20分前後蒸す。熱いうちにボウルに移し、
　フォークでつぶして粗熱をとる。
・型にオーブンシートを敷く。
・オーブンは180℃に予熱する。

【作り方】

1　くるみは包丁で1mm ほどに細かく刻む。

2　ボウルに1と残りのAの材料を入れ、
　　スプーンでよく混ぜる。

3　別のボウルにBの材料をすべて入れ、ス
　　プーンでよく混ぜる。

4　2を加え、生地がスプーンからゆっくり
　　落ちるくらいのかたさを目安に、ぐるぐ
　　ると素早くよく混ぜる。

5　スプーン2本を使って型にこんもりと丸
　　く入れる。

6　180℃のオーブンで25分焼いて取り出
　　す。竹串を刺して生地がつかなければ
　　OK。生焼けなら様子を見ながら3分ほ
　　ど追加で焼く。

7　型からはずして網にのせ、完全に冷ます。

8　粒あんをスプーンで7の上にのせ、ヴィー
　　ガンスプレッドをナイフなどでのせる。

ココナッツオイルが
ベースのヴィーガン
スプレッド

発酵パンプキンマフィン

かぼちゃとこうじだけの甘みで作るやさしいマフィン。野菜本来の味わいをぜひ感じてください。発酵野菜を使うと焦げやすいので、オーブンは少し低めの温度に設定して、じんわり焼くことがポイント。発酵ベジマフィンは粗熱がとれてすぐが食べごろです。

【材料】 直径72mmのマフィン型3個分

A | 製菓用米粉…100g
  | 白すりごま…30g
  | ベーキングパウダー…小さじ1
  | 重曹…小さじ1/2
B | 発酵かぼちゃ(p.94参照／〈a〉)…200g
  | 豆乳ヨーグルト…40g
  | 米油…20g

【準備】
・型にオーブンシートを敷く。
・オーブンは170℃に予熱する。

【作り方】

1 ボウルにAの材料をすべて入れ、スプーンでよく混ぜる。

2 別のボウルにBの材料をすべて入れ、スプーンでよく混ぜる。

3 1を加え、生地がスプーンからゆっくり落ちるくらいのかたさを目安に、ぐるぐると素早くよく混ぜる。

  ＊生地がかたければ、豆乳ヨーグルト適量（分量外）を小さじ1ずつ足して調整する。

4 スプーン2本を使って型に入れる（b）。

5 170℃のオーブンで23分焼いて取り出す。竹串を刺して生地がつかなければOK。生焼けなら様子を見ながら3分ほど追加で焼く。

6 型からはずして網にのせ、粗熱をとる。

発酵かぼちゃは
生のかぼちゃにこうじを加え
発酵させて作ります

ぎゅぎゅっと マッシュルーム マフィン

たっぷりのマッシュルームに、醤油こう
じで味つけをしたきのこマフィン。ピー
ナッツの香りが食欲をそそります。きの
ことこうじ、和食文化ならではのうまみ
をぎゅっと詰め込みました。

【材料】直径72mmのマフィン型3個分

A 製菓用米粉…100g
　ピーナッツ…30g
　ベーキングパウダー…小さじ1
　重曹…小さじ1/2

B マッシュルーム…200g
　豆乳ヨーグルト…70g
　オリーブ油…20g
　醤油こうじ…4g(小さじ1/2強)

○トッピング
マッシュルーム（薄切り）…10枚ほど

【準備】

・型にオーブンシートを敷く。
・オーブンは180℃に予熱する。

【作り方】

1 ピーナッツは包丁で1mmほどに細かく
　刻む。

2 ボウルに1と残りのAの材料を入れ、
　スプーンでよく混ぜる。

3 マッシュルームは2～3mm厚さの薄切
　りにし、10枚ほどをトッピングに取り
　分け残りはBに使う。

4 別のボウルに3のBのマッシュルーム
　と残りのBの材料を入れ、スプーンでよ
　く混ぜる。

5 2を加え、生地がスプーンからゆっくり
　落ちるくらいのかたさを目安に、ぐるぐ
　ると素早くよく混ぜる。

6 スプーン2本を使って型にこんもりと丸
　く入れ、トッピングのマッシュルームを
　のせる。

7 180℃のオーブンで25分焼いて取り出
　す。竹串を刺して生地がつかなければ
　OK。生焼けなら様子を見ながら3分ほ
　ど追加で焼く。型からはずし、あたたか
　いうちにいただく。

WINTER

APPLE

DAIKON

CARROT

寒い日こそ、甘く、あたたかく。
冬のほっこりマフィン。

冬の冷たい空気のなかでは
いつもより少し味覚を研ぎ澄ませて
野菜本来の甘みを感じたい。
冬野菜だからかなうじんわりな甘みを召し上がれ。

シナモンアップルマフィン

【材料】直径72mmのマフィン型3個分

A
製菓用米粉…100g
くるみ 30g
ベーキングパウダー…小さじ 1
重曹…小さじ 1/2
シナモンパウダー…小さじ 1/2
カルダモンパウダー (あれば)…小さじ 1/4
クローブパウダー (あれば)…小さじ 1/4

B
りんご (あれば紅玉)…200g
豆乳ヨーグルト…30g
オリーブ油…20g
きび砂糖…20 〜 30g
塩…小さじ 1/3

○トッピング
りんご (薄切り)…12 枚
シナモンパウダー…適量

【準備】

・型にオーブンシートを敷く。
・オーブンは180℃に予熱する。

小さめりんごは
2個ご用意を

【作り方】

1 くるみは包丁で 1mm ほどに細かく刻む。

2 ボウルに 1 と残りの A の材料を入れ、スプーンでよく混ぜる。

3 りんごは皮つきのまま縦半分に切り、芯を除く。1mm 厚さの薄切りをトッピングに 12 枚取り分け、残りは B に使う。

4 別のボウルに、3 の B のりんごをすりおろし器で皮ごとすりおろす。
　*りんごは変色しても焼き上がりには問題ないのでそのまま使ってOK。

5 4 に残りの B の材料を加え (a)、スプーンでよく混ぜる。

6 2 を加え (b)、生地がスプーンからゆっくり落ちるくらいのかたさを目安に、ぐるぐると素早くよく混ぜる (c)。

7 スプーン 2 本を使って型に入れ、トッピングのりんごを 4 枚ずつのせる。

8 180℃のオーブンで 25 分焼いて取り出す。竹串を刺して生地がつかなければOK。生焼けなら様子を見ながら 3 分ほど追加で焼く。

9 型からはずして網にのせ、シナモンをふって粗熱をとる。

a

b

c

冬の朝に熱いコーヒーとともに
焼き立てを食べたい、
たっぷりりんごのアップルマフィン。
オーブンから立ちこめるシナモンと
りんごの香りに包まれたら、
その日1日、ご機嫌で過ごせます。
りんごは紅玉やグラニースミスがおすすめ。
生のまま食べると酸味の強い品種ですが、
加熱するとフルーティーで強い甘みに変化します。

アールグレイの茶葉をスパイスの代わりに使ったアップルマ
フィン。オイルをぐっと控えめにしたトッピングの紅茶クリ
ームにも、茶葉を混ぜ込みました。ほうじ茶でアレンジした
り、アーモンドをカシューナッツに代えてもおいしいです。

アールグレイアップルマフィン

【材料】 直径72mmのマフィン型3個分

A 製菓用米粉…100g
アーモンド 30g
ベーキングパウダー…小さじ1
重曹…小さじ1/2
アールグレイ茶葉…小さじ2

B りんご(あれば紅玉)…200g
豆乳ヨーグルト…30g
オリーブ油…20g
きび砂糖…20～30g
塩…小さじ1/3

○トッピング
紅茶クリーム

水きり木綿豆腐(下記参照)… 全量
米油… 20g
デーツシロップ… 60g
アールグレイ茶葉… 小さじ1
バニラエクストラクト…15滴

【準備】

・型にオーブンシートを敷く。
・オーブンは180℃に予熱する。

【水きり木綿豆腐の作り方】

木綿豆腐200gをさらし布やクッキングペーパーで包み、ボウルを当てたざるに入れて重石をのせ、冷蔵庫でひと晩(8時間以上)水きりをする。

+紅茶クリームの材料

茶葉たっぷりの
ヘルシーな
紅茶クリームの完成

【作り方】

1 アーモンドは包丁で1mmほどに細かく刻む。

2 ボウルに1と残りのAの材料を入れ、スプーンでよく混ぜる。

3 りんごは皮つきのまま縦4等分に切り、芯を除く。別のボウルに、すりおろし器で皮ごとすりおろす。
 ＊りんごは変色しても焼き上がりには問題ないのでそのまま使ってOK。

4 3に残りのBの材料を加え、スプーンでよく混ぜる。

5 2を加え、生地がスプーンからゆっくり落ちるくらいのかたさを目安に、ぐるぐると素早くよく混ぜる。

6 スプーン2本を使って型に入れる。

7 180℃のオーブンで25分焼いて取り出す。竹串を刺して生地がつかなければOK。生焼けなら様子を見ながら3分ほど追加で焼く。

8 型からはずして網にのせ、完全に冷ます。

9 紅茶クリームを作る。フードプロセッサーに材料をすべて入れ、撹拌してなめらかにする。清潔な容器に入れて冷蔵庫で15分以上冷やす。

10 9を星口金(8切り／10mm)をつけた絞り袋に入れ、8の上に絞る。

砂糖いらず。りんごと米、シンプルな素材を最大限に生かして、ミニマムな材料で焼きました。発酵文化のある日本に生まれてよかった！　としみじみ思えるおいしさです。発酵りんごは焦げやすいので、焼き時間はほかのマフィンより短めに。ご自宅のオーブンに合わせて調整してください。

発酵りんごマフィン

【材料】 直径72mm のマフィン型3個分

A 製菓用米粉…100g
ベーキングパウダー…小さじ1
重曹…小さじ1/2

B 発酵りんご (p.94参照)…200g
豆乳ヨーグルト…40g
オリーブ油…20g

【準備】

・型にオーブンシートを敷く。
・オーブンは170℃に予熱する。

【作り方】

1 ボウルに A の材料をすべて入れ、スプーンでよく混ぜる。

2 別のボウルに B の材料をすべて入れ (a)、スプーンでよく混ぜる。

3 1 を加え、生地がスプーンからゆっくり落ちるくらいのかたさを目安に、ぐるぐると素早くよく混ぜる。

　＊生地がかたければ豆乳ヨーグルト適量（分量外）を小さじ1ずつ足して調整する。

4 スプーン2本を使って型に入れる (b)。

5 170℃のオーブンで23分焼いて取り出す。竹串を刺して生地がつかなければOK。生焼けなら様子を見ながら3分ほど追加で焼く。

6 型からはずして網にのせ、粗熱をとる。

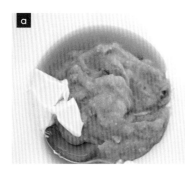

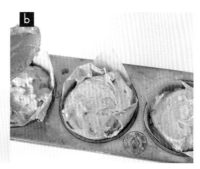

カルダモン大根マフィン

【材料】 直径72mmのマフィン型3個分

A | 製菓用米粉…100g
　 | ピーナッツ…30g
　 | ベーキングパウダー…小さじ1
　 | 重曹…小さじ1/2
　 | カルダモンパウダー…小さじ1/2

B | 大根…180g
　 | 豆乳ヨーグルト…50g
　 | オリーブ油…20g
　 | きび砂糖…40g
　 | 塩…小さじ1/3

【準備】

・型にオーブンシートを敷く。
・オーブンは180℃に予熱する。

大根はどの部位を
使ってもOKです

【作り方】

1 ピーナッツは包丁で1mmほどに細かく刻む。

2 ボウルに1と残りのAの材料を入れ、スプーンでよく混ぜる。

3 大根はしりしり器（またはスライサー）で皮ごとせん切りにするか（a）、包丁で長さ2〜3cmの斜め薄切りにしてからせん切りにする。

4 別のボウルに大根を除くBの材料を入れ、スプーンでよく混ぜる。3を加え、大根から水分がにじみ出さないよう生地を下から持ち上げるようにさっくりと混ぜる。

5 2を加え（b）、生地がスプーンからゆっくり落ちるくらいのかたさを目安に、粉けがなくなるまで素早く混ぜる（c）。

6 スプーン2本を使って型にこんもりと丸く入れる（d）。

7 180℃のオーブンで25分焼いて取り出す。竹串を刺して生地がつかなければOK。生焼けなら様子を見ながら3分ほど追加で焼く。

8 型からはずして網にのせ、粗熱をとる。

おなじみ野菜の大根だってマフィンに変身。
水分たっぷりの大根で作るマフィンは
ベジマフィンのなかでもとびきりソフト！
やさしさに包まれる食感を召し上がれ。
地味めな野菜だからこそ、スパイスにはちょっと
リッチなカルダモンで華やかに。

お買い得な大根に、リッチなナッツを合わせよう！　ギャップアレンジを楽しむマフィン。ヘーゼルナッツバターは、ナッツバターの中でも香り高く格別なおいしさ。大根のベジマフィンはさっぱりとくせがないから、ナッツのこっくりとした味わいがグッと引き立つんです。

ヘーゼルナッツ大根マフィン

【材料】直径72mmのマフィン型3個分

A 製菓用米粉…100g
  ヘーゼルナッツ…30g
  ベーキングパウダー…小さじ1
  重曹…小さじ1/2
  シナモンパウダー…小さじ1/2

B 大根…180g
  豆乳ヨーグルト…50g
  オリーブ油…20g
  ココナッツシュガー…40g
  塩…小さじ1/3

○トッピング
ヘーゼルナッツバター＊…大さじ3
＊ピーナッツバターで代用可。
ヘーゼルナッツ（皮つき／ロースト）…適量

【準備】

・型にオーブンシートを敷く。
・オーブンは180℃に予熱する。

【作り方】

1 ヘーゼルナッツは包丁で1mmほどに細かく刻む。

2 ボウルに1と残りのAの材料を入れ、スプーンでよく混ぜる。

3 大根はしりしり器（またはスライサー）で皮ごとせん切りにするか、包丁で長さ2～3cmの斜め薄切りにしてからせん切りにする。

4 別のボウルに大根を除くBの材料を入れ、スプーンでよく混ぜる。3を加え、大根から水分がにじみ出さないよう生地を下から持ち上げるようにさっくりと混ぜる。

5 2を加え、生地がスプーンからゆっくり落ちるくらいのかたさを目安に、粉けがなくなるまで素早く混ぜる。

6 スプーン2本を使って型にこんもりと丸く入れる。

7 180℃のオーブンで25分焼いて取り出す。竹串を刺して生地がつかなければOK。生焼けなら様子を見ながら3分ほど追加で焼く。

8 型からはずして網にのせ、完全に冷ます。

9 ヘーゼルナッツバターをスプーンで8の上にたらし（a）、ヘーゼルナッツをのせる。

a

黒豆とおもちの大根マフィン

黒と白のコントラストがちょっとモードなマフィンは、黒豆の甘いアクセントもおいしい、お正月の残り物マフィン。栗きんとんも入れちゃおうかな？　プレーンな大根マフィンは、まるで鍋のようにいろいろな素材が合わせやすいのです。おもちは冷めるとかたくなるので、アツアツで召し上がれ。

【材料】直径72mmのマフィン型3個分

A｜製菓用米粉…100g
　｜ピーナッツ…30g
　｜ベーキングパウダー…小さじ1
　｜重曹…小さじ1/2
　｜シナモンパウダー…小さじ1/2

B｜大根…180g
　｜豆乳ヨーグルト…50g
　｜オリーブ油…20g
　｜きび砂糖…40g
　｜塩…小さじ1/3

黒豆（煮豆／市販）…50g

○トッピング
切りもち…1枚
黒豆（煮豆／市販）…大さじ1

【準備】
・黒豆は水けをきる。
・切りもちは3mm厚さほどに切ってから2
　〜3cm大に切る。
・型にオーブンシートを敷く。
・オーブンは180℃に予熱する。

【作り方】

1　ピーナッツは包丁で1mmほどに細かく
　刻む。

2　ボウルに1と残りのAの材料を入れ、
　スプーンでよく混ぜる。

3　大根はしりしり器（またはスライサー）
　で皮ごとせん切りにするか、包丁で長さ
　2〜3cmの斜め薄切りにしてからせん
　切りにする。

4　別のボウルに大根を除くBの材料を入
　れ、スプーンでよく混ぜる。3を加え、
　大根から水分がにじみ出さないよう生地
　を下から持ち上げるようにさっくりと混
　ぜる。

5　黒豆を加えて軽く混ぜ、2を加えて生地
　がスプーンからゆっくり落ちるくらいの
　かたさを目安に、粉けがなくなるまで素
　早く混ぜる。

6　スプーン2本を使って型にこんもりと丸
　く入れ、トッピングの切りもちと黒豆を
　のせる（a）。

7　180℃のオーブンで25分焼いて取り出
　す。竹串を刺して生地がつかなければ
　OK。生焼けなら様子を見ながら3分ほ
　ど追加で焼く。型からはずし、あたたか
　いうちにいただく。

a

しりしりキャロットマフィン

【材料】 直径72mmのマフィン型3個分

A 製菓用米粉…100g
　くるみ…30g
　ベーキングパウダー…小さじ1
　重曹…小さじ1/2
　シナモンパウダー…小さじ1/2
　ナツメグパウダー(あれば)…小さじ1/4
　ジンジャーパウダー(あれば)
　　…小さじ1/4
　スターアニスパウダー(あれば)
　　…小さじ1/4

B にんじん…180g
　豆乳ヨーグルト…50g
　オリーブ油…20g
　きび砂糖…40g
　塩…小さじ1/3
　レーズン…30g

○トッピング
ヴィーガンクリームチーズ*
　(p.96参照／ヘルシータイプ)…大さじ3
*室温におくと溶けやすいので冷蔵庫で保存する。
　使うときに分離していれば軽く混ぜる。
にんじん(せん切り)…少々

【準備】

・型にオーブンシートを敷く。
・オーブンは180℃に予熱する。

【作り方】

1 くるみは包丁で1mmほどに細かく刻む。

2 ボウルに1と残りのAの材料を入れ、
　スプーンでよく混ぜる。

3 にんじんはしりしり器(またはスライ
　サー)で皮ごとせん切りにするか、包丁
　で長さ2〜3cmの斜め薄切りにしてか
　らせん切りにする。トッピングのにんじ
　ん少々を取り分け、残りはBに使う。

4 別のボウルににんじんを除くBの材料を
　入れ、スプーンでよく混ぜる。3のBの
　にんじんを加え、にんじんから水分がに
　じみ出さないよう生地を下から持ち上げ
　るようにさっくりと混ぜる。

5 2を加え、生地がスプーンからゆっくり
　落ちるくらいのかたさを目安に、粉けが
　なくなるまで素早く混ぜる(a)。

6 スプーン2本を使って型にこんもりと丸
　く入れる。

7 180℃のオーブンで25分焼いて取り出
　す。竹串を刺して生地がつかなければ
　OK。生焼けなら様子を見ながら3分ほ
　ど追加で焼く。

8 型からはずして網にのせ、完全に冷ます。

9 ヴィーガンクリームチーズをナイフなど
　で8の上にのせ、トッピングのにんじん
　を飾る。

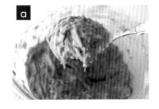

冬にんじんをしりしりして
驚くほどたっぷりと生地に混ぜ込んだ、
ジューシーなキャロットマフィン。
キャロットケーキを愛するわたしの自信作です。
にんじんは思っている以上にたっぷり使うので
多めにご用意ください。
春にんじんのマフィンとの食感の違いを楽しんで
お好みを見つけてくださいね。

マーマレード キャロットマフィン

田舎の道の駅で出合った、おばあちゃんの手作りマーマレードをたっぷり練り込みました。マーマレード以外にもアプリコットジャム、いちごジャムなどでもOK。フルーティーでジューシーなマフィンが焼けます。大掃除のときに、冷蔵庫の隅で余ったジャムを見つけたら焼く、年末の定番レシピ。

【材料】直径72mmのマフィン型3個分

A ┌ 製菓用米粉…70g
  │ アーモンド…30g
  │ ベーキングパウダー…小さじ1
  │ 重曹…小さじ1/2
  │ シナモンパウダー…小さじ1/2
  └ クローブパウダー(あれば)…小さじ1/4

B ┌ にんじん…180g
  │ 豆乳ヨーグルト…50g
  │ オリーブ油…20g
  │ マーマレード…60g
  │ 塩…小さじ1/3
  └ カカオニブ…20g

○トッピング
マーマレード(好みで)…適量

【準備】
・型にオーブンシートを敷く。
・オーブンは180℃に予熱する。

【作り方】

1 アーモンドは包丁で1mmほどに細かく刻む。

2 ボウルに1と残りのAの材料を入れ、スプーンでよく混ぜる。

3 別のボウルに、にんじんをすりおろし器ですりおろす。

4 3に残りのBの材料を加え、スプーンでよく混ぜる。

5 2を加え、生地がスプーンからゆっくり落ちるくらいのかたさを目安に、ぐるぐると素早くよく混ぜる。

6 スプーン2本を使って型にこんもりと丸く入れる。

7 180℃のオーブンで25分焼いて取り出す。竹串を刺して生地がつかなければOK。生焼けなら様子を見ながら3分ほど追加で焼く。

8 型からはずして網にのせ、完全に冷ます。

9 好みでマーマレードをスプーンで8の上にのせる。

道の駅で見つけた
手作りマーマレードを
生地と仕上げに

発酵にんじんマフィン

砂糖なしでびっくり甘い！　にんじんをこうじで発酵させた、
発酵にんじんのキャロットマフィン。たくさんの方が焼いた
インスタグラムでも人気のレシピを、プラントベースで再研
究しました。スパイスを使わずに仕上げたので、お子さんに
も食べてもらいたいやさしい味です。

【材料】 直径72mmのマフィン型3個分

A│ 製菓用米粉…100g
 │ くるみ…30g
 │ ベーキングパウダー…小さじ1
 │ 重曹…小さじ1/2
B│ 発酵にんじん(p.94参照／〈a〉)…200g
 │ 豆乳ヨーグルト…40g
 │ オリーブ油…20g

【準備】

・型にオーブンシートを敷く。
・オーブンは170℃に予熱する。

【作り方】

1 くるみは包丁で1mmほどに細かく刻む。

2 ボウルに1と残りのAの材料を入れ、スプーンでよく混ぜる。

3 別のボウルにBの材料をすべて入れ、スプーンでよく混ぜる。

4 2を加え、生地がスプーンからゆっくり落ちるくらいのかたさを目安に、ぐるぐると素早くよく混ぜる。
  ＊生地がかたければ、豆乳ヨーグルト適量（分量外）を小さじ1ずつ足して調整する。

5 スプーン2本を使って型にこんもりと丸く入れる。

6 170℃のオーブンで23分焼いて取り出す。竹串を刺して生地がつかなければOK。生焼けなら様子を見ながら3分ほど追加で焼く。

7 型からはずして網にのせ、粗熱をとる。

発酵にんじんの
レーズンは
お好みでどうぞ

a

ごぼうマフィン

すりおろしたごぼうにチョコをたっぷり
入れた、ブラウニーマフィン。チョコに
負けない、力強いごぼうの味わいをしっ
かり感じます。ビーツや菊芋、ヤーコン
もチョコとの相性が良いので、同量のレ
シピで置き換えてもおいしく焼けます。
ジャンクな見た目を裏切るヘルシーさが
たまらない！

Chocolate 3

【材料】直径72mmのマフィン型3個分

A 製菓用米粉…100g
　カカオパウダー…10g
　重曹…小さじ1/2
　シナモンパウダー…小さじ1/2

B ごぼう…200g
　豆乳ヨーグルト…60g
　オリーブ油…20g
　きび砂糖…40g
　塩…小さじ1/3
　ヴィーガンチョコレート
　（カカオ70%以上のもの）…50g

【準備】

・チョコレートは2cmほどに刻む。
・型にオーブンシートを敷く。
・オーブンは180℃に予熱する。

【作り方】

1 ボウルにAの材料をすべて入れ、スプーンでよく混ぜる。

2 別のボウルに、ごぼうをすりおろし器ですりおろす。

3 2に残りのBの材料を加え、スプーンでよく混ぜる。

4 1を加え、生地がスプーンからゆっくり落ちるくらいのかたさを目安に、ぐるぐると素早くよく混ぜる。

5 スプーン2本を使って型にこんもりと丸く入れる。

6 180℃のオーブンで25分焼いて取り出す。竹串を刺して生地がつかなければOK。生焼けなら様子を見ながら3分ほど追加で焼く。

7 型からはずして網にのせ、粗熱をとる。

Spring is Coming Again

にんじんのヘタは水につけて、キッチンの日当たりのよい場所に。水は毎日取り替えると、数日でかわいい葉っぱが生えてきます。寒さでふさぎ込みがちになる真冬も、新芽を見ると「明けない冬はない！」とちょっと元気をもらえます。

野菜×米こうじの力でジャムのように甘い発酵野菜を作ってみませんか？　完成したらまずはひと口、味見をどうぞ。きっと砂糖なしの甘みに驚くはず。仕込んだ発酵野菜を混ぜ込んだマフィンは、じんわりと深い甘みが感じられます。レーズンはお好みでどうぞ。

発酵 にんじん

発酵 かぼちゃ

発酵 りんご

【材料】作りやすい分量

にんじん… 150g
乾燥米こうじ… 50g
レーズン(好みで)… 50g
水… 100g
塩… 小さじ 1/3

【材料】作りやすい分量

かぼちゃ… 300g
乾燥米こうじ… 100g
レーズン(好みで)… 30g
水… 150g
塩… 小さじ 1/3

【材料】作りやすい分量

りんご… 240g
乾燥米こうじ… 80g
レーズン(好みで)… 30g
塩… 小さじ 1/3

【作り方】3種共通 (写真は発酵にんじん)

1　野菜は洗ってへたや種、ワタ、芯などを除き、適当な大きさに切って皮ごとすりおろすか、フードプロセッサーにかける。
　　＊生のかぼちゃはかたいので使用するフードプロセッサーが対応可能か確認する。

2　清潔な耐熱容器に 1 とほぐした米こうじ、好みでレーズン、各分量の水、塩を入れて (a) よく混ぜ、ふたをする。
　　＊発酵りんごは水を入れない。

3　炊飯器に入れ、2 の高さの半分ほどまで水を注いで (b)「保温」を押す。炊飯器のふたは開けたまま、8 時間おいて発酵させる。途中で容器のふたを開け、清潔なスプーンでよく混ぜる。
　　＊ヨーグルトメーカーの場合は60℃で8時間発酵させる。

水分が足りなければ
水を大さじ１ずつ
足して調整を

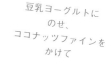

豆乳ヨーグルトに
のせ、
ココナッツファインを
かけて

保存：冷蔵で3〜5日可能

ベジマフィンのおともの簡単レシピ。どんなに忙しくても、野菜不足にならず、外食に頼らず、自分の手で作ったごはんで自分のからだもこころも満たしたい。マフィンを焼くかたわらで何度もリピートしている、ズボラで簡単なヴィーガンレシピのアイディアです。

朝の
タンパク質
チャージ！

トリプル豆ヨーグルト

納豆や豆腐に飽きてしまったわたしが、毎朝マフィンのおともに食べるのがこのトリプル豆ヨーグルト。豆乳ヨーグルトに煎り大豆をひと晩浸すと、大豆がヨーグルトの水分を吸ってふっくらとやわらかくなります。まるで生の大豆が蘇ったかのような、新感覚の食感！　きなこをまぶしたり、メープルシロップをかけていただきます。煎り大豆と一緒にドライフルーツをひと晩浸すのもおすすめ。忙しい朝も手軽にタンパク質と乳酸菌をチャージできます！

きのこのオーブン焼きマリネ

マフィンの
となりで

オーブンでマフィンを焼きながら、天板の空いたスペースで同時に作れる副菜。用意するのはオーブン対応の耐熱容器（約12×19×高さ7cm）ときのこ。3〜4人分の場合、椎茸やえのきたけなど計200〜250gのきのこ2〜3種類を食べやすく切って容器に詰め、塩ふたつまみをふって米酢大さじ2〜3を回しかけます。アルミホイルでふたをして、180℃のオーブンで25分蒸し焼きに。きのこからうまみと水分が出て、お酢の酸味と合わさり絶品！

サラダにかけて

デュカ風スパイスソルト

マフィンを作るときに半端に余った刻みナッツは、保存瓶にストック。瓶に7分目ほどのナッツがたまったら、岩塩とスパイスを加えてスパイシーなナッツソルトに変身させます。おすすめのスパイスは五香粉。ナッツ：岩塩：五香粉＝3：2：1を目安に材料を混ぜ合わせるだけ。サラダやグリルにひとふりするだけで、エキゾチックな味わいを楽しめます。生の春菊やルッコラなど、くせの強い葉野菜のサラダにもよく合います。

Eco idea

にんじんや玉ねぎなど野菜の切れ端は、ざるにのせてキッチンの日当たりのよい場所で干します。スープなどを作るときに鍋にポイっと入れて煮出せば、ベジブロスが取れます。

加熱せずに混ぜるだけで、軽やかなヘルシータイプとまったり濃厚なミルキータイプ、2種類のヴィーガンクリームチーズが作れます。マフィンの種類やその日の気分で、好みのフロスティングとしてどうぞ。材料のりんご酢は、同量のレモン汁に代えてもOK。

ヴィーガンクリームチーズ ヘルシータイプ

【材料】作りやすい分量

無調整豆乳… 300g

りんご酢…15g

塩…小さじ 1/3

てんさい糖…15g

白みそ*(あれば)…小さじ 1/3

*なめらかな白みそを使う。ふつうみそでは粒が残ってしまうので代用不可。

【作り方】

1 ボウルに豆乳、りんご酢、塩を入れ、とろりとするまで泡立て器でよく混ぜる。

2 さらし布（またはクッキングペーパー）を敷いてボウルを当てたざるに移し、さらし布で軽く包んで重石をのせ、冷蔵庫でひと晩(8時間以上)水きりをする。

3 冷蔵庫から出してボウルに移し、てんさい糖とあれば白みそを加え、ゴムべらでよく練る。

4 冷蔵庫に入れて冷やし固める。溶けやすいので、食べる直前に取り出す。

保存：冷蔵で3〜5日可能

ヴィーガンクリームチーズ ミルキータイプ

【材料】作りやすい分量

水きり豆乳ヨーグルト(p.25囲み参照)…40g

ヴィーガンスプレッド(常温に戻す／市販)
　…50g

てんさい糖…10g

【作り方】

1 ボウルに水きり豆乳ヨーグルトを入れ、ボウルごと 40℃のぬるま湯につけて人肌程度に温める。

　*ヨーグルトが冷たいままだと、油分と水分が分離してボソボソの食感になってしまうので注意。ただし、湯煎の温度が高すぎても分離してしまうので注意する。

2 別のボウルにヴィーガンスプレッドとてんさい糖を入れ、泡立て器で空気を含ませるようにしっかりと混ぜる。1を加え、泡立て器でよく混ぜる。

3 冷蔵庫に入れて冷やし固める。溶けやすいので、食べる直前に取り出す。

保存：冷蔵で3〜5日可能

しっかり水けをきるのが
成功のコツ★

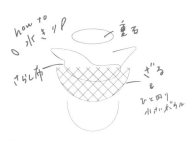

how to 水きり

重石

さらし布

ざる

ひと回り小さいボウル

urara's
Kitchen
Notebook

季節の野菜 メモ @ 伊豆

伊豆のキッチンで
旬を味わう。

明日葉の
ベビーリーフ

ASHITABA

Let's DIP!

SPRING
春の庭で、新芽を摘む。

東京のスーパーに飽きてきたら、祖母が住んでいた静岡の「伊豆の家」へ行く。野菜の直売所に並ぶ採れたての野菜を見つめると、悩むことなくアイディアが浮かんでくる。「マフィンにして！」「サラダにして！」まるで野菜の声が聞こえてくるみたい。そんな野菜たちの声を感じて家に連れて帰り、張りきって台所仕事。今は亡き祖母のキッチンに立ち、自由に、ワイルドに料理に没頭する。もしも祖母が幽霊になって見ていたら「うららはいったい何を作ってるんだ？」と驚かれそうだ。なんでもケーキにしちゃうからね。

春の祖母の庭には、明日葉がいっぱい。草むらの中から、ピカピカの赤ちゃんみたいな新芽をみんなで探す。明日葉は葉っぱが若ければ若いほどやわらかく、みずみずしく、おいしい。その日食べる分の明日葉を摘んで、すぐにゆでて醤油だけで食べる。それだけでおいしい。

道の駅で見つけた春にんじんも、お楽しみは葉っぱ。春菊に似た香りを放つにんじんの葉っぱは、少しかたいのでペーストにする。フードプロセッサーににんじんの葉っぱをギュウギュウに詰めたら、豆乳ヨーグルトをスプーンで大さじ２杯ほどとガーリックパウダー大さじ１、ゲランドの塩ふたつまみ、オリーブオイルをひと回しして、ガーッと撹拌。ヴィーガンディップにして、生のにんじんにつけてポリポリ食べるのが最高の食べ方。

にんじんの葉っぱペーストで
にんじんディップ

もうひとつ、春ならではの葉物はセリ。ご近所さんから教えてもらった秘密のセリ畑は、野原の中の自然のままのセリ畑。都会で買うと高級なセリが、まるで食べ放題みたいに畑一面に広がっていたのだ！ ご近所さんがせっせと摘んでは食べているので、絶えず新芽が生えてくる。摘めば摘むほど、おいしい新芽が食べられるシステム。自然てすごい。セリもやっぱり新芽がおいしい。

香り高いセリをいっぱい抱えて帰ったら、ニューサマーオレンジと合わせてサラダにする。ニューサマーオレンジは、私のいちばん好きな柑橘（かんきつ）。グレープフルーツのような香りで苦みはなく、さっぱりとした甘さ。採れたてのセリとニューサマーオレンジに、オリーブオイルと塩をひとふり。それだけで世界にひとつ、わたしのためのわたしだけのサラダ。こんなサラダ、ニューヨークのサラダ屋でも食べられないぜ、と田舎のど真ん中で自分好みのサラダを食べる幸福感に包まれる。サラダはいつでも一期一会、旬のもの。瞬間のときめきをお皿の上に盛りつけるだけでいい、野菜がおいしければ。葉野菜はやっぱり生に限るな。だから、葉野菜はむやみやたらとマフィンに入れないの

がマイポリシー。

いただきものの採れたてのレモンではマフィンを焼く。大きさで味が変わるので、ミニサイズに焼くか、ビッグサイズに焼くかは悩ましい。庭に咲いていたスミレを見つけて、マフィンにのせてみる。スミレって食べられるんだね。かわいいけれど、そんなにおいしいものではない。スミレも新芽はおいしいけれど、花が咲いたらおいしくないのだ。でも、マフィンに花をのせたい気持ちは止められない。それは寒い冬でも薄着のおしゃれを楽しみたい気持ちに似ているかも。かわいいは、おいしい。おいしいはかわいい。マフィン作りに夢中になってしまう理由はここにあるのかも。

SUMMER
虹を食べる、夏休み。

夏、猛暑の東京を逃げるように飛び出して、真っ先に飛び込むのは海。7月の透明な海を全力でクロールして、波に浮かぶ。真っ青な空と海の真ん中で、人間だな、生きてるな、って感じる瞬間。この瞬間を持つことは、大切

レシピは16ページ

SPRING

mini
Lemon
& Carrot
Muffins

な季節ごと。子どものころからいちばん泳いでいる海で、子どもみたいに、子どもといっしょに泳ぐとき、いつまでもこの海が美しくあることを強く思う。エコに暮らしたい、と思うシンプルな理由。

どっぷりと長く田舎で過ごす夏の楽しみのひとつに、ブルーベリーがある。庭のブルーベリーの木はたわわに実をつけ、いつでも食べ放題。地物のスイカも安くておいしいから、まいにちがフルーツでいっぱい。

そして伊豆の名物「ところてん」も、夏のおやつに欠かせない。きれいな海であまさんが採った天草の新物から作られるところてんのおいしさは格別で、伊豆で暮らす従姉妹は「いつかところてんカフェをひらきたい」と言うほどのところてん好き。そんな従姉妹にところてんの煮出し方を習った。鍋に天草をひとつかみと、たっぷりの水、酢大さじ1を加え、鍋でぐつぐつ煮出す（酢を入れることでとろみ成分がしみ出る）。30分ほど煮出してとろみが出たら、さらし布を敷いてボウルに当てたざるに上げ、天草をこしてところてん液を取り出す。あとはバットやタッパーに流して冷やし固め、ところてんつきでつく。これがクライマックス。にょろっと出てくるところてんは楽しく、味つけはきなこ砂糖か、酢醤油が王道。祖母も生前はよく作って食べていたな。ところてんの食感は独特で、流行りのスイーツのようなプルプル食感ではなく、サクッとした歯触りが特徴。じつはその食感が今まであまり好きじゃなかった。でも自分で作ってみると、なんて楽しくておいしいんだ！ 急にところてん熱に火がついた夏、地元の図書館で見つけた、天草の専門書（すごい専門書があることに感動）で歴史を調べたりして、大人の夏休みの自由研究に夢中になった。

東京に帰ってもところてん熱は冷めず、「虹が食べたい！」の夢をかなえたい一心で考えたのが「虹色ところてん」。なんとも面

Rainbow Tokoroten

FRESH BLUEBERRY

レシピは103ページへ

ところてんアレンジ
梅酢と岩のりをまわしかけ

アタリハズレも
お楽しみ

きなこと黒糖をまるごと

倒な工程だけれど、1色重ねるごとに虹色に近づくワクワクも、おいしさの一部。完成した透明な虹に、子どもたちとスプーンを刺した瞬間のときめきは何よりのごちそうで、夏のよい思い出に。

AUTUMN
秋、人生で最高の栗ご飯。

秋、わたしの頭の中は栗でいっぱい。米どころでも、栗の名産地でもないけれど、伊豆の米はおいしい。そして伊豆の栗もおいしい。道の駅で手に入れた栗は、東京で見かけるものよりぴかぴか。鬼皮も薄くむきやすく、渋皮も薄い。栗にはうるさいわたし。これまでいろいろな産地の栗をお取り寄せしてきたけれど、負けていないよ、伊豆の栗。ノーブランドでもおいしい素材は田舎にはたくさん潜んでいる。新米と栗、最高のアイテムを手に入れて、「栗ご飯食べたい！」の気持ちをひとつに家族みんなで栗仕事。

熱湯に栗を30分くらいつけると鬼皮はだいぶやわらかくなる。包丁で鬼皮をむき、渋皮をむけば下準備完了。米2合に対して、30粒ほどの栗と塩小さじ1.5〜2を炊飯器に入れ、米よりも栗が多い？　と思うほどの贅沢（ぜいたく）バランスで炊飯する。料理酒いらず、出汁いらず、栗だけのストレートな味わいの栗ごはんは炊き立てはもちろん、翌日のおにぎりにしても最高においしい。

WINTER
里芋を好きになる、冬。

まだ祖母が元気でわたしが一人暮らしをしていた美大時代、冬の始まりにはいつも大量の里芋が送られてきた。泥だらけ、畑の虫もいっしょにやってくる。料理のレパートリーの少ない19歳にとっては、ありがたくもある意味試練の贈り物。そんな思い出のせいか、里芋はあまり好んで買わない芋になってしまっていたけれど、しばらくぶりに向き合ってみようかなと道の駅へ。

11月の販売所には、たくさんの種類の里芋が並ぶ。根が赤く粘りけのある赤芋、ホクホク系の海老芋、セレベスはひと昔前にご近所で流行って、一世を風靡（ふうび）したらしい。里芋の品種が村のブームになるとは、なんてすてきな局地的ブーム。村の人はみんな里芋が好きだから、自分の食べたい品種を自分用に育て、余った分を直売所で売っている。なので、一般的なスーパーには並ばない珍しい品種の里芋が並ぶのだと、直売所のおばさまが教えてくれた。野菜でも焼き菓子でも、やっぱり手作りがいちばんおいしいよね。

たくさんの里芋を買い込み、里芋の皮をむき、芋肌のみずみずしさを感じながら、「これはおいしいマフィンになるぞ！」と閃（ひらめ）いてマフィンを焼いた。蒸さずに、生のまますりおろした里芋をたっぷりと入れたマフィンは、

レシピは105ページ

想像をちょびっと超えてかなりおいしく焼けた。勤めていた会社の先輩から教わった「クリエイティブとは想像をちょびっと超えること」という名言を、キッチンで思い出す。仕事よりも、暮らしこそクリエイティブに満ちてるよ、と働きすぎな先輩にテレパシーを送る。マフィンのとなりでは、小さな里芋を皮ごとオーブンで素焼き。里芋マフィンと里芋を交互に食べながら、これまでの数年、里芋を食べてこなかったことを悔やむほどのおいしさを味わう。

冬の販売所では、冬にんじんにも出合える。スーパーに並ぶピカピカの甘いにんじんとは違って、田舎のにんじんは泥だらけでワイルド。味も、甘みだけではなくえぐみがしっかり残っている。昔のにんじんってこんな味だったかも。そんな記憶を呼び起こす、都会ではなかなか出合えない味を大切に味わいたいから、ガラス瓶に詰めて発酵にんじんに。発酵させて甘くなっても、消えることのない力強いにんじんの味。まずは、生で味見をしてからキャロットケーキを焼き、ついでにグルテンフリーミックスを使ってキャロットクッキーを焼いたら、今まででいちばんおいしく焼けた！ クッキー研究に苦戦していた過去の自分にピースサイン。

年末、庭のみかんの木にはたくさんのみかんがなる。私たちの帰省のタイミングに合わせたように、木の上で完熟したみかんは、皮まで食べられるほどに甘い。食べきれないほど採れるので、とりあえず皮つきのまま輪切りにして、お日様に干してドライみかんに。大量の野菜に困ったら、とにかくなんでも日当たりのよいキッチンで干す。

みかんの木の下、家族で集まって恒例のもちつきをしたら1年が終わり。つきたてのもちが食べたいわたしは、数年前に奮発して杵と臼を買った。家族からはそんなものを買うのかと驚かれたけれど、今のところ人生で買ってよかったモノランキングの1位。年末のおもちの食べすぎの後悔も恒例となり、季節はめぐる。さて、新しい年はどんなおいしい出合いがあるのかな。食いしん坊の旅は続く。

みかんは皮ごと5ミリ厚さに切って、ざるの上で干す。

レシピは105ページ

せん切りにんじんもざるにのせて1日、天日干し

おまけレシピ

虹色ところてん

【材料】作りやすい分量

天草… 20g
水… 1ℓ
酢… 大さじ 1
てんさい糖*… 大さじ 2〜4
*好みの甘さに調整する。
レインボーかき氷シロップ*
（市販／ブルー・グリーン・黄色・赤・ピンク）
…各21g
*共立食品のポーションタイプの商品を使用。

【作り方】

1 天草はゴミがついていたら取り除き、ざ
　るで洗う。

2 鍋に天草と分量の水、酢を入れ、強火に
　かける。沸騰したら中〜弱火で30分ほ
　ど煮詰める。吹きこぼれに注意。

3 天草がとろとろになり、煮汁にとろみが
　ついてきたら火を止める。

4 さらし布を敷いてボウルを当てたざるに
　上げる。布の上からトングなどでぎゅっ
　と絞り、しっかりと水けを絞る。熱いの
　でやけどに注意。

5 4のボウルにてんさい糖を加え混ぜる。

6 5の1/5量を小さめのボウルに入れ、
　かき氷シロップのブルーを入れてよく混
　ぜ、ガラス容器に注いで粗熱をとる。使
　い終わったボウルはきれいにする。

7 6を冷蔵庫で30分〜1時間冷やし固め
　る。

8 5を湯煎であたためて混ぜ、1/5量をき
　れいにした6のボウルに入れる。かき
　氷シロップのグリーンを加えてよく混
　ぜ、粗熱をとる。

9 冷蔵庫から出した7に8を上から流し
　入れ、冷蔵庫で30分〜1時間冷やし固
　める。

10 8〜9を繰り返してかき氷シロップの黄
　　色、赤、ピンクの順に重ね、冷やし固める。

保存：冷蔵で保存し5日ほどで食べきる

ミックス粉があれば"すぐ"においしい！

ベジマフィン作りをもっと簡単にしたくて、オリジナルの「グルテンフリーミックス」を作りました。瀬戸内の農家さんの安心の米粉と、ひよこ豆粉をほどよくブレンドし、粉を混ぜる工程も省けてとっても時短に。初心者さんや忙しい方におすすめです。

Romantic Foodies
グルテンフリーミックス

通販は
QRコードから
どうぞ

romanticfoodies.com

クイック！ベジマフィン

【材料】直径72mmのマフィン型3個分

グルテンフリーミックス（上記商品）…100g
好みのすりおろし野菜
　（またはせん切り野菜）…180〜200g
豆乳ヨーグルト…60g
きび砂糖…40g
オリーブ油…20g
塩…小さじ1/3

【準備】

・型にオーブンシートを敷く。
・オーブンは180℃に予熱する。

【作り方】

1　ボウルにグルテンフリーミックスを除くすべての材料を入れ、スプーンでよく混ぜる。グルテンフリーミックスを加え、生地がスプーンからゆっくり落ちるくらいのかたさを目安に、さらによく混ぜる。

2　スプーン2本を使って型に入れ、180℃のオーブンで25分焼いて取り出す。竹串を刺して生地がつかなければOK。生焼けなら様子を見ながら3分ほど追加で焼く。

3　型からはずして網にのせ、完全に冷ます。

＊好みでヴィーガンクリームチーズなどをトッピングしても。

本書掲載の下記レシピの米粉またはひよこ豆粉（あるいは両方）を、同量のp.104「グルテンフリーミックス」に置き換えてアレンジできます。米粉とひよこ豆粉のブレンドなので、よりふくらみやすく食感もアップ。材料のナッツを省略してもベチャっとせず、おいしく焼ける点もポイントです。

○キャロットマフィン6種
　（p.14、16、18、86、88、90）
○ティラミス風長芋マフィン（p.28）
○ズッキーニマフィン3種（p.34、36、38）
○バナナマフィン3種（p.40、42、44）
○パイン＆トマトマフィン（p.48）

○ナスのフルーツティーマフィン（p.52）
○お芋マフィン3種（p.54、56、58）
○レンコンマフィン3種（p.60、62、64）
○パンプキンマフィン3種（p.66、68、70）
○アップルマフィン3種（p.74、76、78）
○大根マフィン3種（p.80、82、84）

里芋のマフィン

【材料】直径72mmのマフィン型3個分

A｜グルテンフリーミックス（p.104参照）
　　…100g
　｜すりおろし里芋…180g
　｜白すりごま…30g
　｜豆乳ヨーグルト…60g
　｜きび砂糖…40g
　｜オリーブ油…20g
　｜塩…小さじ1/3

○トッピング
白いりごま…適量

【準備】
・型にオーブンシートを敷く。
・オーブンは180℃に予熱する。

【作り方】

1　ボウルにグルテンフリーミックスを除くAの材料を入れ、スプーンでよく混ぜる。グルテンフリーミックスを加え、生地がスプーンからゆっくり落ちるくらいのかたさを目安に、さらによく混ぜる。

2　スプーン2本を使って型に入れ、いりごまを散らす。180℃のオーブンで25分焼いて取り出す。竹串を刺して生地がつかなければOK。生焼けなら様子を見ながら3分ほど追加で焼く。

3　型からはずして網にのせ、粗熱をとる。

キャロットクッキー

【材料】直径85mmのクッキー3枚分

発酵にんじん（p.94参照）…50g
オリーブ油、きび砂糖、くるみ…各20g
グルテンフリーミックス（p.104参照）…100g

○トッピング（好みで）
アイシング（p.17参照）／レーズン／
　せん切りにんじん（p.102写真参照）…各適量

【準備】
・天板にオーブンシートを敷く。
・オーブンは180℃に予熱する。

【作り方】

1　くるみは包丁で1mmほどに細かく刻む。

2　ボウルに発酵にんじんとオリーブ油、きび砂糖を入れ、スプーンでよく混ぜる。グルテンフリーミックスと1を加え、ホロホロとしてまとまりが出るまでスプーンで混ぜる。

3　3等分に分け、軽く丸めて団子にし、間隔をあけて天板に並べる。手のひらでつぶし、平たく形を整える。

4　180℃のオーブンで14分ほど焼いて取り出す。網にのせて完全に冷まし、アイシングをスプーンでたらしてレーズンをのせ、せん切りにんじんを散らす。

材料探しからマフィン作りははじまってる！　スーパーマーケットが好きなわたしが集めたふだん使いの材料は、無理なく選べてなるべくシンプル、そして安心なもの。マフィンと料理のどちらにも使い回しやすい材料を遊びます。

基本の材料

豆乳ヨーグルト
100%豆乳が原料、無添加で無糖のものを選びます。原料に混じりけのない、マルサンアイの「豆乳グルト」を愛用しています。

植物油
エクストラバージンで低温圧縮、遮光性のある瓶に入ったオリーブオイルを使っています。香りを抑えたいときは米油を使います。

砂糖
ミネラルが多いきび砂糖「素焚糖」を使います。フロスティングなど、色をつけたくないときは色の薄いてんさい糖を使います。

塩
ミネラル豊富な国産の海塩と、フランス産の「ゲランドの塩」を気分で使い分けています。料理に使うものと同じでOK。

ベーキングパウダー
アルミニウムフリーのものを選びます。封を開けたら冷蔵保存。長期保存するとふくらみが悪くなるので注意。

重曹
料理用の重曹を使います。野菜の入った重たいマフィンの生地をふくらませたいので、重曹は必須素材です。

製菓用米粉
「米の粉」か「製菓用米粉 ミズホチカラ」を使用。粒子がきめ細かく、ふんわりふくらみます。p.9、10も参照。

ひよこ豆粉
タンパク質が含まれるひよこ豆粉は、マフィンにふくらみと弾力を加えます。

ナッツ類
ローストされた無塩、ノンオイルの皮つきを選びます。

ピーナッツ粉
ピーナッツ粉を生地に混ぜると、マフィンがよりふんわり仕上がります。アーモンドプードルで代用も可能。

すりごま
黒すりごま、白すりごまを使い分けます。オーガニックのものがおすすめ。

シナモンパウダー
スーパーで購入できるものでOK。ネット通販対応の神戸スパイスは、種類が豊富でおすすめです。

メープルシロップ
混じりけのない100％
メープルシロップ原料
のものを選びます。

デーツシロップ
100％デーツの実から
できたシロップで、コ
クのある甘み。

ドライフルーツ
オイルコーティングの
ない無添加のものを選
びます。

ナッツバター（無糖）
ピーナッツバター、ヘ
ーゼルナッツバターな
どをトッピングに使い
ます。

ヴィーガンチョコレート
カカオ70％以上のベ
ルギー産ヴィーガン
チョコレートを愛用。

ココアパウダー（無糖）
添加物の入っていない
100％純ココアパウダ
ーを使用。開封後は冷
蔵保存を。

ココナッツファイン
細かいココナッツフラ
ワーで代用OK。トロ
ピカルな風味に。

キャロブチップス
マメ科のキャロブが主
原料。チョコレートチ
ップに似た味わいです。

バニラエクストラクト
本物のバニラから抽出
して作られた香料。高
価だけれどバニラエッ
センスとは別物のかぐ
わしさ。

カルダモンパウダー
清涼感のある香りと上
品な風味で「香りの王
様」と呼ばれます。

クローブパウダー
独特の甘くてスパイシ
ーな香りが特徴。マフ
ィンがいっきにエキゾ
チックに。

ジンジャーパウダー
生姜を粉砕したもの。
辛みが強いので少量ず
つ使うのが安心です。

ヴィーガンスプレッド
ナチューリのスプレッ
ドを使用。シアバター
やココナッツオイルが
原料で、バターのよう
なコクとなめらかさ。

豆乳クリームチーズ
三代目茂蔵の「発酵豆
乳クリーム」を愛用。
入手しやすいヴィーガ
ンクリームチーズで代
用してください。

白みそ
隠し味に使うとグッと
複雑みが増す白みそは、
白くてなめらかで、粒
の入っていないものを
選んでください。

無調整豆乳
成分無調整のものを使
用。濃度の高い豆乳だ
と、より濃厚な豆乳ク
リームチーズが作れま
す。調製豆乳は代用不可。

マフィン作りにまいにち愛用している道具たちを紹介します。

A マフィン型★

大きめに焼ける3カップタイプのマフィン型（直径72mm）を愛用。熱伝導がよく、中までふんわり火が通るブリキ素材がおすすめ。錆びやすいので洗った後はしっかり水けを拭き取ります。

B 2本のスプーン

大きめサイズのスプーンを用意します。1本は粉を混ぜ、もう1本は野菜ベースを混ぜるために使います。生地をマフィン型に盛りつけるときも、2本あると作業がスムーズ。

C しりしり器★

にんじん、ズッキーニ、大根などのかたい野菜をあっという間に細切りにできる愛用の道具。野菜の繊維を壊さず、野菜の水分がにじみ出ず、ふんわり食感の生地に仕上がります。

D すりおろし器

ステンレス製のすりおろし器を使います。プラスチックケースの受け皿がないものが省スペースで乾かしやすくお気に入り。

E 小さじ

容量5㎖。塩やスパイスを量るときに使います。

F デジタルスケール

1g単位で計量できるはかりを使います。

G ボウル

大小サイズ違いのボウルをおもに使用しています。

そのほかの型を使う場合は

H ふつうサイズのマフィン型(直径70mm)

本書記載の分量で3〜4個分焼けます。
焼き時間はそのままでOK。

I ミニサイズのマフィン型(直径56mm)

本書記載の分量で5〜6個分焼けます。
焼き時間は18分ほどに変更。

J ペーパーカップ型(直径55mm)

本書記載の分量で5〜6個分焼けます。
焼き時間は18分ほどに変更。

K プリン型(直径60mm)

本書記載の分量で5〜6個分焼けます。
焼き時間はそのままでOK。

オーブンシート

イオンの無漂白クッキングシートのミニサイズ(25cm×6m)を愛用。マフィン型に合わせて正方形に切り出しやすく、4カ所カットすれば3カップタイプのマフィン型にぴったりフィット。本書のレシピはオイルが少なくグラシン紙に生地がつきやすいため、オーブンシートをカットして型に敷きます。詳しい敷き方はp.12「型にシートを敷く」参照。

みつろうラップ★

野菜を包んだりマフィンを包むのに使っているみつろうラップ。冷凍や熱いものを包むことはできませんが、軽く洗って乾かして、繰り返し使えます。食材をやさしく包んでしっとりとおいしく保存できます。キッチンのプラスチックを減らすこともできるエコアイテム。

マフィンラック

マフィンを冷ますときに使っているマフィンラック。私は海外のチャリティーショップで購入した、ちょっと珍しい形の中古品を使っていますが、一般的な網やケーキクーラーで冷ますのでもOKです。もしお持ちでなければ、お皿の上で冷ましても。

★マークの道具は「Romantic Foodies」のオンラインショップでも購入OK。
romanticfoodies.com

ベジマフィンは焼いて粗熱がとれたころが食べ頃です。新鮮な野菜がたっぷり入っていて水分が多いため、ふつうの焼き菓子よりも日もちしません。以下の保存法を参考にして早めに食べてください。なお、夏のマフィンは冷やしてもおいしく、冬は焼き立てで食べてほしいレシピもあります。おすすめのタイミングがある場合は、各マフィンの作り方で紹介しています。

常温保存

秋冬の涼しい季節は、マフィンが完全に冷めたら1個ずつラップで包み、常温で保管。翌日まで保存可能。
＊マフィンのみ常温保存可能。フロスティングは食べる直前に塗る。

冷蔵保存

夏場は、マフィンが完全に冷めたら1個ずつラップで包み、冷蔵庫の野菜室へ。3日ほど保存可能。
＊粗熱が残るうちにラップをすると、結露で生地が水っぽくなるので注意。

冷凍保存

マフィンが完全に冷めたら1個ずつラップで包み、保冷剤や金属製のトレイの上に置いて急速冷凍。約1カ月保存可能。解凍は冷蔵室に移してひと晩解凍するか、常温に2時間ほどおいて解凍する。

急いで食べたい

冷凍のマフィンを急いで食べたいときは、ラップのまま600Wの電子レンジで30秒ほど加熱します（フロスティングは溶けてしまうので電子レンジ解凍は不向き）。

お弁当で食べたい

冷凍庫から取り出したマフィンは、常温で2時間ほどで自然解凍されます。夏場は、直射日光の当たる場所や気温の高いところでの解凍は避けてください。

 ベジマフィン作りの素朴な疑問やお悩みの解決に、以下問答を参考にしてください。

Q マフィンがふくらみません

お使いの米粉が、製菓用の粒子の細かいものかチェックしてください。料理用の米粉だと水分が粉に吸収され、生地がかたくなってふくらみにくくなることがあります。

Q 生焼けっぽい?

野菜をたっぷり使うので、一般的なマフィンよりもジューシーな焼き上がりになります。生焼けの場合は、焼き時間を3分ほど追加したり設定温度を高くするなど、オーブンに合わせて調整を。

Q 生地の調整はできる?

各レシピの作り方に記載の生地の状態を目安に、生地がゆるければ米粉、かたければ豆乳ヨーグルトをそれぞれ小さじ1ずつ足して混ぜ、様子を見ながら調整してください。

Q 豆乳でも代用可能?

豆乳ヨーグルトの酸と重曹が反応して生地がふくらみます。豆乳で代用すると、マフィンがふくらまないので注意してください。

Q 生地が緑に変色!?

野菜に含まれるポリフェノールと重曹が反応して、マフィンの色が緑や青、黒っぽい色に変色することがあります。味に変わりはなく、食べても問題はありません。

Q 冷凍野菜でも作れる?

冷凍野菜は解凍時に水が出たり、繊維の性質が変化しなければOKです。変化してしまう野菜は、生地の水分量のバランスが変わってしまうためおすすめしません。

素材別・用途別INDEX

ナッツ＆ごまを種類別に分類したレシピと、ナッツ類や砂糖・メープルシロップなどの甘み、
オイル不使用のレシピを探せる索引ページです。

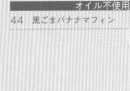

urara

料理家／アートディレクター／クリエイティブディレクター／キャロットケーキ偏愛家
武蔵野美術大学視覚伝達デザイン学科卒業後、大手広告代理店に入社。さまざまなクライアントを経て、のちフリーランスのアートディレクター、料理家として独立。インスタグラムで発信するキャロットケーキ研究とレシピが話題に。ブランドディレクターをつとめるRomantic Foodiesを立ち上げ、デザインアイテムを販売している。著書に『まいにち食べたいキャロットケーキ』(エムディエヌコーポレーション)がある。

撮影・デザイン・スタイリング・構成＆文／urara
校正・DTP／かんがり舎
協力／Sandra Berghianu
　　　東畑幸多
　　　中谷芽衣
プリンティングディレクション／栗原哲朗 (図書印刷)
編集／若名佳世 (山と溪谷社)

まいにちおいしいベジマフィン

2024年5月10日　初版第1刷発行

著者　　　urara

発行人　　川崎深雪
発行所　　株式会社　山と溪谷社
　　　　　〒101-0051　東京都千代田区神田神保町1丁目105番地
　　　　　https://www.yamakei.co.jp/
印刷・製本　図書印刷株式会社

●乱丁・落丁、及び内容に関するお問合せ先
　山と溪谷社自動応答サービス
　TEL.03-6744-1900
　受付時間／11:00～16:00 (土日、祝日を除く)
　メールもご利用ください。
　【乱丁・落丁】service@yamakei.co.jp
　【内容】info@yamakei.co.jp

●書店・取次様からのご注文先
　山と溪谷社受注センター
　TEL.048-458-3455　FAX.048-421-0513
●書店・取次様からのご注文以外のお問合せ先
　eigyo@yamakei.co.jp

定価はカバーに表示してあります
落丁・乱丁本は送料小社負担でお取り替えいたします
禁無断複写・転載